JN116246

マネしたい！　やってみたい！　すぐできる！

食育実践事例BOOK

食育活動　食事環境　0・1・2歳児の食育　家庭・地域連携　園内連携

メイト

はじめに

食育のアイデアの引き出しを増やし楽しく取り組める食育実践を

2005年に「食育基本法」が制定されてから、今日まで20年近くが経ちました。

当初は戸惑いも大きかった「食育」ですが、この20年の間にだいぶ周知が進んできました。食育ってなんだろうというところから手探りで始め、様々に工夫を重ねながら具体的な実践に結びつけてきた保育現場のみなさんのご苦労には頭がさがります。

野菜や米を栽培・収穫する。収穫したものを調理し、みんなで食卓を囲む。——食育のもっとも大切なキーワードである「楽しく食べる」を保育の中で実現してきたその流れが、新型コロナウイルス感染症の拡大によってすべてストップしてしまったのは、本当に残念なことでした。

食育を通して紡いできた地域とのつながり、世代を超えた交流なども、活動として実践できない数年間がありました。特につらかったのは「みんなで食べる」「会話を楽しみながら食べる」ことができなくなったことです。マスクはもとより、アクリル板で仕切られた中での黙食が、子どもの育ちにどのような影響を与えたかを考えると心が痛みます。

しかし、コロナ禍をプラスにとらえ、今また新たな食育の取り組みを実践されているみなさんの姿を目のあたりにし、これからの時代の食育のあり方について、あらためて思いをめぐらせているところです。

さて、現在、進められている「第４次食育推進基本計画」では、これまでの取り組みによる成果とSDGsの考え方をふまえ、次の三つを重点事項として掲げています。

(1) 生涯を通じた心身の健康を支える食育の推進
(2) 持続可能な食を支える食育の推進
(3)「新たな日常」やデジタル化に対応した食育の推進

いかがでしょう。園として、どのような実践につなげられそうでしょうか。

どのような実践をすればよいのか迷われたら、園の理念に戻り、環境をふまえた「育てたい子ども像」に向けて、「食育でできていることは何だろう」「食育でまだできていないことは何だろう」というところを見直してみませんか。そして、目の前の子どもの姿・言葉・感性・興味・関心に目を向けてみると、食育で何に取り組んだらよいのかが、おのずと見えてくるでしょう。

栽培や収穫・クッキングなど、同じ活動でも、地域や年齢・子どもが変われば活動は違ってきます。答えは一つではありません。それぞれの園の食育を見つけることで、子どもたちのワクワクにつながるでしょう。

本書では、24園の食育の実践例を紹介しています。これらも参考に、食育のアイデアの引き出しを増やしてみてください。

子どもはもちろん大人もキラキラと瞳を輝かせて取り組める食育を、実践してほしいと思います。

本書が、保育現場で奮闘するみなさんのお役に少しでも立てますよう、心より願っております。

管理栄養士・保育士・NPO法人こどもの森理事長
『いただきます ごちそうさま』監修
吉田隆子

第1章 多彩な食育活動

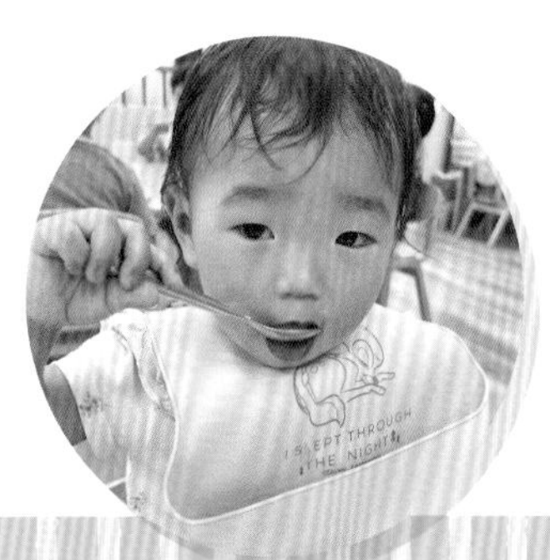

第2章
食事環境の工夫

第3章
0・1・2歳児の食育

第1章

多彩な食育活動

栽培や調理などの実践内容や
食の興味・知識を深めるための
工夫などを紹介します。

岐阜県羽島市

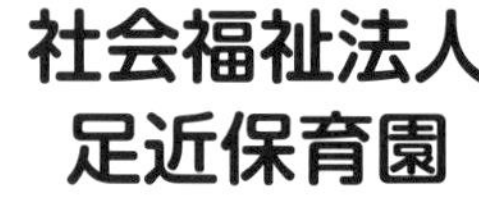

定員200名

食育計画表 p.102-103

社会福祉法人
足近保育園

「自給自足食育」で、野菜好きな子どもに

４月末から５月初旬にかけては、クラス単位で畑を訪れ、夏野菜の苗を植えます。

ピーマンの苗の植えつけ

こんなに大きくなったよ

収穫の楽しみを存分に味わいながら、「自給自足」が実現できています。

20年前に始めた野菜づくりは、日常的に子どもが関わる活動

緑に恵まれた自然豊かな環境にある足近保育園。園での残食の多さに胸を痛めた園長の北川山治先生が「自分たちで作った野菜なら、残す子どもが減るのではないか」と考え、20年ほど前から園の畑で野菜作りを始めました。今では１年を通して30種類ほどの野菜を育て、園の食事に利用しています。「季節や気候によって足りない野菜を買い足すことはありますが、ほぼ自給自足に近い形がとれています」と、管理栄養士の今西沙代先生。

畑での野菜作りには、子どもたちも日常的に関わります。苗を植え、水やりし、収穫して、皮むきなど調理の手伝いもします。園の食事に使用するほか、子どもたちとクッキングをしたり、家庭におすそ分けをしたりすることもあります。

「植える前にその野菜について学んだり、植えてからも収穫への期待が高まるような声かけをしたりしています」（今西先生）。

野菜作りを続けることで、明らかに野菜好きな子どもが増えています。保護者からは、「野菜を食べられるようになった」などの喜びの声が多数寄せられています。

畑で、さといもの大きな葉っぱを１人1本切ってもらい、かさのようにさして帰りました。

第1章 多彩な食育活動

社会福祉法人
足近保育園

園の野菜で採れたてのおいしさを知る

園に隣接した畑では、きゅうり・なす・トマト・ピーマン・玉ねぎ・いんげん・枝豆など、様々な野菜を育てています。

収穫した野菜をすぐに味わうことも、大切にしています。生で・焼いて・ゆでてなど、シンプルな調理で提供します。

畑から採ってきてすぐの玉ねぎを、輪切りにしてホットプレートで調理。昼食の前に、みんなで食べました。

焼いた玉ねぎを、順番にお皿に入れてもらいます。「みんなで育てた玉ねぎだよ」と、積極的に食べたくなるように保育者が声をかけます。

ふだん玉ねぎが苦手な子どももパクパク。「驚きました」と今西先生。

食育ポイント
家庭支援

作物を保護者に配布し食育を家庭へつなぐ

園の畑でたくさん採れた野菜は、新鮮なうちに全園児の家庭に順番に配ります。家庭からは「新鮮な野菜が食べられてうれしい」「『園の野菜だよ』というと、子どもがよく食べる」と好評です。

コロナ禍には、家族を招待し園の畑でいちご狩り

新型コロナウイルス感染症による登園自粛要請期間は休園することも多く、野菜が余りがちになりました。そこで、園児の家族を畑に招待し、いちご狩りをおこないました。

いちごは全部で500株ほどあり、1日あければまた実るので、2クラスずつ、1日おきに実施しました。

全園児の半数ほどの家族が参加し、全員で参加した家族もいました。

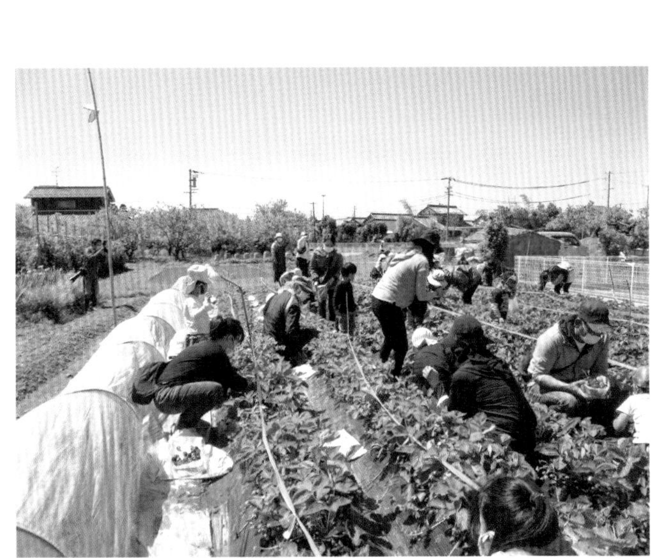

外出をしにくい時期、青空のもと開放的な畑でのいちご狩りは、気分転換になるととても喜ばれました。

家庭から容器を持ってきてもらい、つんだいちごは、持ち帰って家で食べました。味見を楽しむ姿もありました。

食育ポイント コロナ禍の対応

休園中の収穫物は格安で販売

休園中は食事提供がないため、収穫した野菜が残ってしまうことが問題になりました。取りに来られない家庭もあって平等に配ることがむずかしいため、希望者に格安で販売することにしました。

新
玉葱
すご〜く甘くておいしいよ!!
1袋 100円

第1章 多彩な食育活動

園の畑で、毎日農作業。食のなりたちを感じる経験を

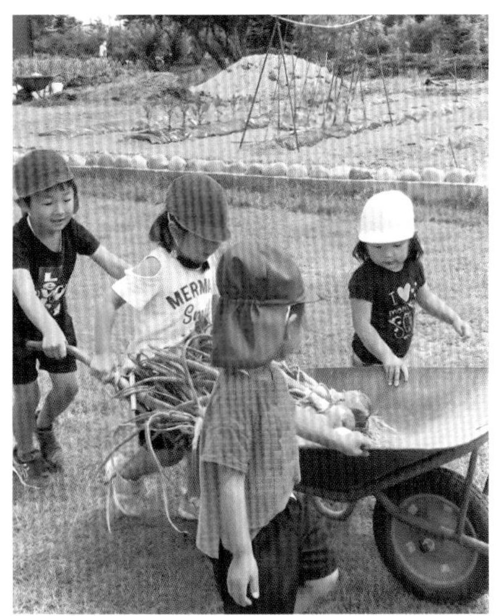

四季折々の野菜や果物の収穫を毎日のように楽しみます。バランスをとるのがむずかしい三輪運搬車の扱いにも慣れました。

「こどものうえん」は、子どもたちの暮らし・遊び・学びの場

「食農保育」を保育方針に掲げ、2021年に開園したれんりの子。約6000坪の広大な敷地には、運営会社の社屋と、農園・農産品加工工場・レストランやカフェ・園舎と園の畑が点在しています。

「人の暮らしには必ず食があり、食は農を経由しています。農が身近にあり、苦労や命の育ちを見たり体験したりできる環境が子どもの心身をよりよく育てます」と、園長の富田知可子先生。

子どもたちは登園するとまず、園の畑「こどものうえん」に向かいます。そこでは、春は玉ねぎやじゃがいも、夏はきゅうりやピーマン・枝豆と季節ごとの野菜や果物を栽培しており、作物とともに四季を感じることができます。子どもたちは種まきや苗植え・水やり・草取り・追肥・虫退治・収穫まですべての過程に関わり、わからないことは自分で調べることが習慣化しています。

農園のスタッフの「じいじたち」に農作業を手伝ってもらったり、敷地内のレストランやカフェのシェフやパティシエに野菜・果物を収穫して届けて、プロの調理を見せてもらったりと、日々交流をしています。「こどものうえん」は、子どもたちにとって、暮らし・遊び・学びの場です。

みんなで
協力して収穫！

6月には実った麦を収穫。はさみを使うので、少し大きい子が担当します。

0～2歳児も「こどものうえん」に散歩に行きます。1歳児でも、玉ねぎを抜くなど参加できる作業があります。

冬の寒い日も畑に向かいます。

愛管株式会社
連理の木の下の保育園
れんりの子

食農保育で生まれる知識の循環

園舎からよく見える場所に、園の畑「こどものうえん」が広がっています。子どもたちは毎日「こどものうえん」に行き、年齢や発達に応じて、できる範囲で栽培や収穫の作業をしています。

「子どもには採れたての作物をそのまま味わってほしいので、収穫物をその場で食べることについて保護者の許可を得ているんですよ」と、富田園長。

子どもたちは毎日の農作業で気づき、学んだことを保護者に伝えます。保護者も子どもたちから教わることが増え、関心をもちます。子どもから食の環(わ)が広がっていくこと、これも食農の大切なねらいです。

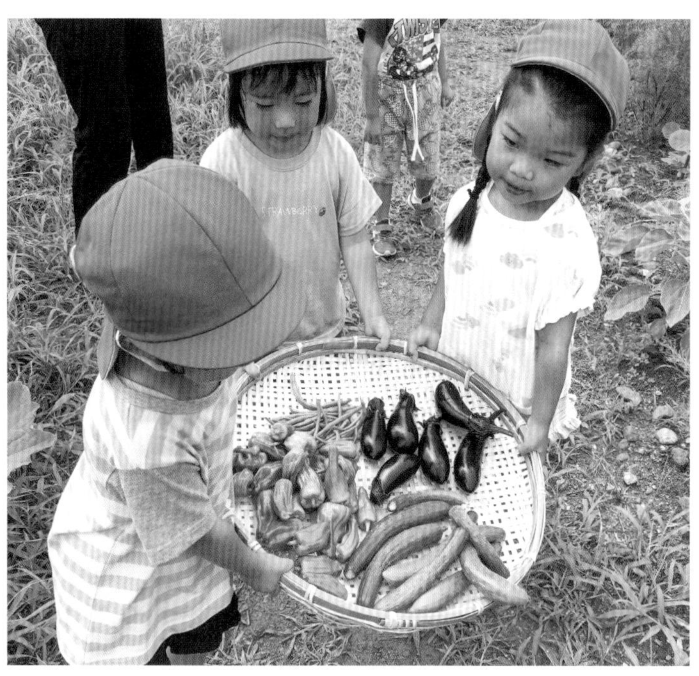

日差しが強く作物の育ちが早い夏は特に、連日ザルいっぱいの作物が採れます。

食育ポイント 発展

「こどものうえん」の収穫物を販売

子どもたちが栽培・収穫した野菜や果物は、園の運営会社の社員や保護者に販売することもあります。作物をきれいにふいてパッキングするのも子どもたちの仕事。どうしたら「お客さんに喜んでもらえるか」「たくさん売れるか」や、価格まで考えます。作り、食べることに加え、「人に届ける」ことまで学んでいます。

「れんりの子」に関わる大人たちみんなに大切にされ、はぐくまれた子どもたちは、のびのびと探求心を広げていくことができます。

買ってくれる人のことを考えると、パッキングもしぜんとていねいになります。

畑で採れた大豆でみそ作り

れんりの子では、「こどものうえん」で育てた大豆で、日本の伝統的な調味料であるみそ作りを経験しています。

かまどに薪をくべて大豆をゆで、ゆであがった大豆をポリ袋に入れて、一人ずつ手でつぶしていきます。子どもたちから「やわらかい」「ギュッとするとつぶれるね」といった声があがりました。みんなでつぶした大豆を米こうじと混ぜて、容器に詰めるところもおこないます。

みそができるのは仕込んでから半年後。子どもたちは自分が作ったみそができる日を楽しみに待ちます。

「こどものうえん」の脇に備えた大きなかまどで、収穫した大豆を半日かけてゆでます。火にくべる薪は、「じいじたち」が近くの山から切ってきてくれました。

子どもと保育者で、つぶした大豆と米こうじと混ぜます。

大豆そのものの味を知るために、ゆでたての大豆を味つけなしで食べてみます。「何もつけなくても甘い」「おいしい」と、大豆をつまむ手が止まりませんでした。

7月、半年前に仕込んだみそが完成しました。「どんな味がするかな？」と、味見を前にワクワク。

できたてのみそは朝採りきゅうりにつけて味見

自分たちで収穫したきゅうりに完成したみそをつけて食べました。また、お泊まり保育では、「できたみそを使って、みそ汁を作りたい」との声があがり、朝ごはんのメニューにして子どもたちが調理しました。

東京都新宿区

定員80名

社会福祉法人幌北学園 下落合そらいろ保育園

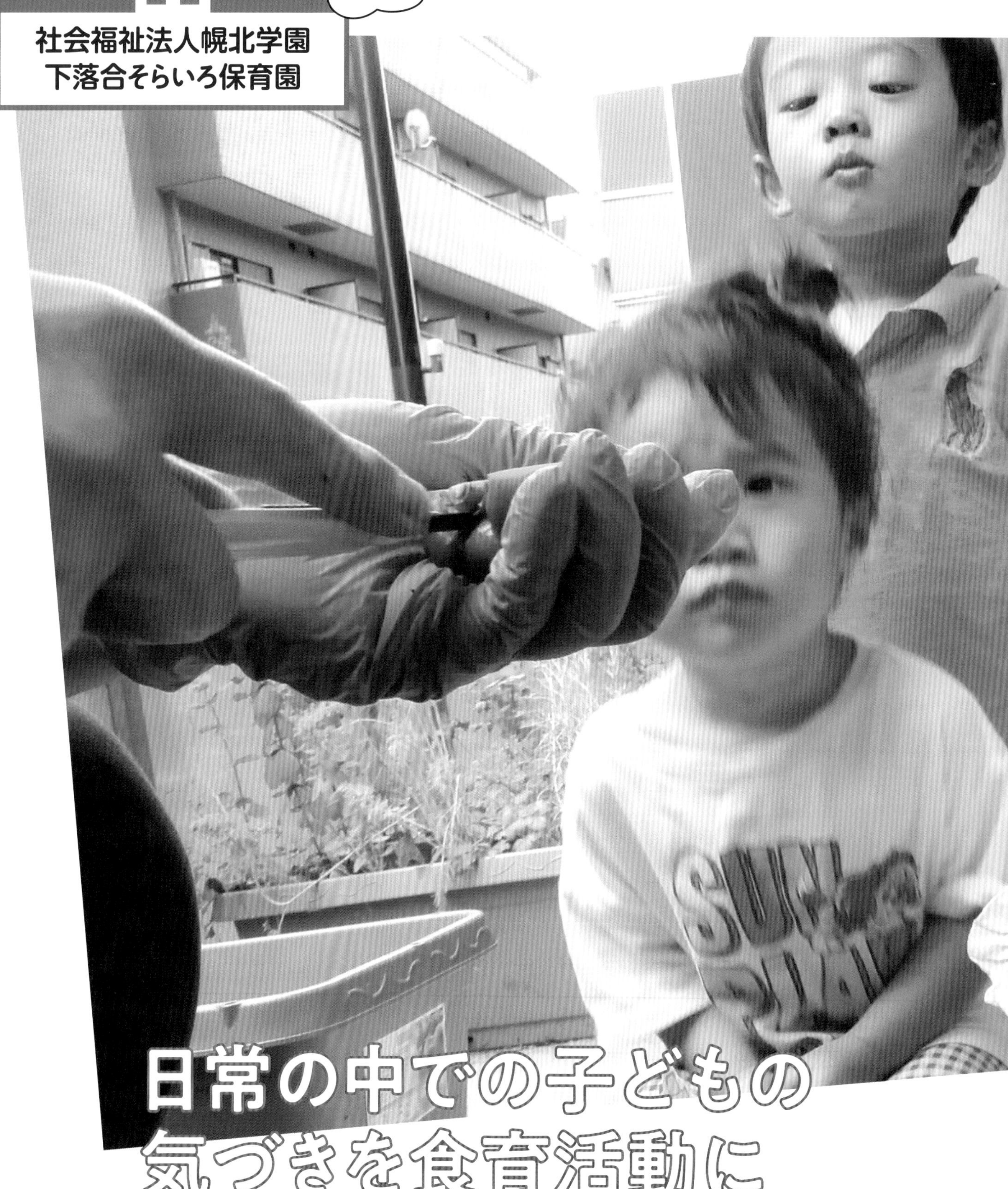

日常の中での子どもの気づきを食育活動に

子どものつぶやきから野菜の種を取り出して栽培

下落合そらいろ保育園では、日常の中での子どもの気づきを食育活動につなげています。あるとき、昼食で出てきたピーマンに種があるのに気づいた子どもが「この種、植えたらどうなるんだろう」とつぶやきました。ピーマンは以前、苗から栽培したため、「『ピーマンは種からできるんだよ』と伝えたうえで、自分の目で確かめてほしいと思い、その種を植えてみることにしました」と、園長の新沼佳子先生。

「日常の中での子どもの気づきを大切にする」というコンセプトは、遊びの環境設定にも生かされています。幼児クラスの園舎にある調理室は、保育室から中の様子が見えるオープンキッチンスタイル。カウンターの前に幼児のままごとコーナーを設置し、調理の様子を見ながらままごと遊びができるようにしています。

「調理室で麻婆豆腐を作っていると、子どもも『麻婆豆腐を作りましょう』などと言いながら遊んでいる姿が見られます」（新沼園長）。

園庭がない同園では、栽培はプランターを使用。園のエントランスに置き、どのクラスの子どもも観察できるようにしています。

プランターを道路に面したエントランスに置くことで、子どもたちの活動の様子が地域の人の目にふれる機会が増えました。地域の方との交流で、一緒に花を植えました。

社会福祉法人幌北学園
下落合そらいろ保育園

2種類の土を使う栽培で生長の違いに気づく

コンポストの土（魚のマークをつけたもの）と普通の土、2種類のプランターを用意し、いちごの苗を植えました。土の違いがわかるようにし、生長の早さの違いを見比べます。

園でいちごを栽培しようとした際、担任が、「コンポストで作った土を栽培に使用すると野菜がよく育つんだよ」と子どもたちに話しました。すると、子どもたちの中から「コンポストの土と普通の土で、どちらの野菜がよく育つか見てみたい」という声があがりました。そこで、コンポストで作った土と普通の土の両方で栽培し、比べてみることに。

「収穫には、大きな違いが出ました。頭で理解していても、実際に違いを目にするのは新鮮ですね。私たち大人にとっても、楽しい食育となりました」（新沼園長）。

コンポストの土で立派ないちごができました。

生長の違いを目のあたりにし、子どもの体験と知識が結びつきました。

食育ポイント
SDGs

「いのち」を考える機会に

同園では「いのちをいただく」というテーマの食育も大切にしています。その一環として「いのちを繋ぐ（つなぐ）」というテーマのもと、調理の過程で必ず出る野菜の皮・魚の骨を利用し、栄養たっぷりのコンポストを作っています。見学した子どもたちは「これが栄養になるの？」と不思議そう。この経験が、「コンポストの土と普通の土の育ちを比べてみたい」という思いにもつながりました。

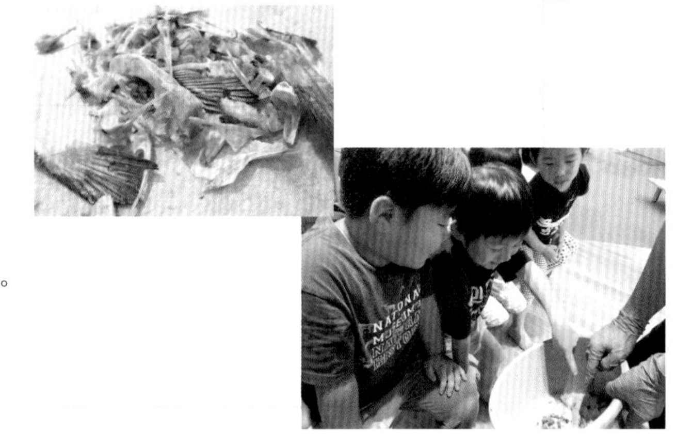

食と遊びが生活の中で一体となる環境づくり

調理室から漂ってくるいいにおいをかいだり、調理の気配を感じたりするのも食育の一環。そこで下落合そらいろ保育園では、幼児の保育室から調理室の中をのぞくことができるようにしています。

「家庭で保護者のまねをしてごっこ遊びをするように、園では調理室の職員をまねしてごっこ遊びをしてほしい」と新沼園長。大鍋と格闘しながら調理をする職員の姿に刺激され、よりリアルなごっこ遊びが展開します。

保育室から調理室の中がよく見えます。盛りつけの様子にも興味津々です。

調理室の前に、ままごとコーナーを設置しました。調理室の職員を見ながら、ままごとをできるようにしています。

真剣な表情で白いおはじきを「ごはん」に見立てて遊んでいます。

日ごろから調理や盛りつけの様子をよく見ていることが、ままごとの盛りつけにも現れます。

食育ポイント 遊び

ままごと道具は本物を

ままごとで使う鍋などの調理道具の多くは、100円ショップで購入した本物です。大人と同じものを使うことで、子どもたちの気持ちがあがり、発想も広がっていきます。

子どもたちは、調理師の手つきをよく見ているので、鍋の扱いも忠実に模倣します。

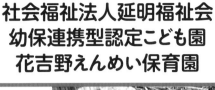

奈良県大淀町

定員125名

社会福祉法人延明福祉会 幼保連携型認定こども園 花吉野えんめい保育園

食育計画表 p.98-99

多彩な食育活動を通して感謝の心をはぐくむ

恵まれた環境を活用し 年間を通して様々な食育活動を実践

四方を山々に囲まれた閑静な住宅街にある花吉野えんめい保育園。子どもたちの徒歩圏には、町が管理する大きな公園や、畑と田んぼが並び、果樹園もあります。このような環境の中で、子どもたちは五感を通していろいろな体験を積み重ねています。中でも園が大事にしているのが、食への感謝をはぐくむねらいでおこなう、様々な食育プログラムです。

「野菜や果物にふれる」「米作り」「魚さばき体験」「保存食作り」「青空ランチ」を、年間を通しておこなっています。

「地域の方に協力してもらいながら田植えから脱穀までの作業をおこなうことで、米に対する関心が増し、農家の方の苦労を肌で感じることができるようになっていきます」と、園長の外村かよ先生。５歳児がおこなう魚をさばく体験では、魚の感触に驚きながらも、命をいただくことへの感謝の気持ちがしぜんに芽生えます。

これらの体験で、「食が体をつくる」ことを知り、命をいただくことや、食材や食事を作る人への感謝の心をはぐくんでいきます。

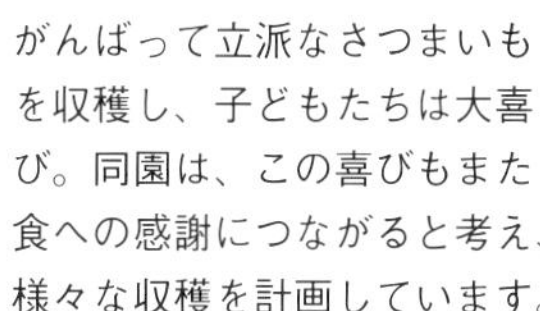

がんばって立派なさつまいもを収穫し、子どもたちは大喜び。同園は、この喜びもまた食への感謝につながると考え、様々な収穫を計画しています。

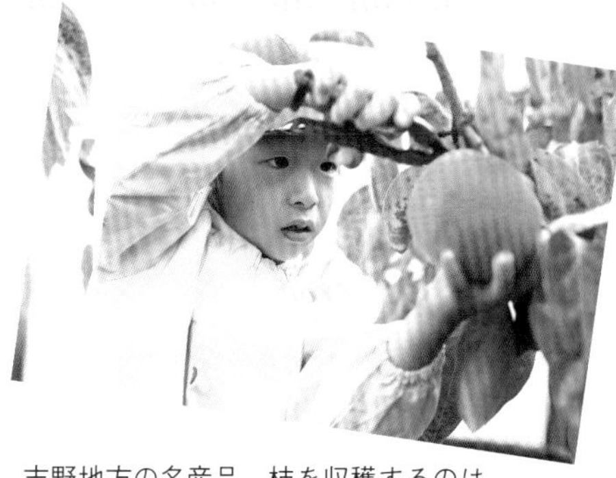

吉野地方の名産品、柿を収穫するのは5歳児です。柿の枝は折れやすいので、大きな柿を支えながら、はさみで切ります。慎重かつていねいに手間をかけて収穫する経験を重ねることは、食事への感謝にもつながります。

社会福祉法人延明福祉会
幼保連携型認定こども園
花吉野えんめい保育園

自分たちで調理して食べる「青空ランチ」

5歳児は2か月に一度、「青空ランチ」をおこなっています。これは、外で調理して外で食べる中で、季節を感じながら、いろいろな食材にふれ、献立の立て方や調理方法を知ることをねらいとした取り組みです。初回から3回目まではカレー作りをおこない、包丁などの調理器具の扱いに徐々に慣れていきます。家族にカレーを振るまう子どももいて、保護者からも好評です。

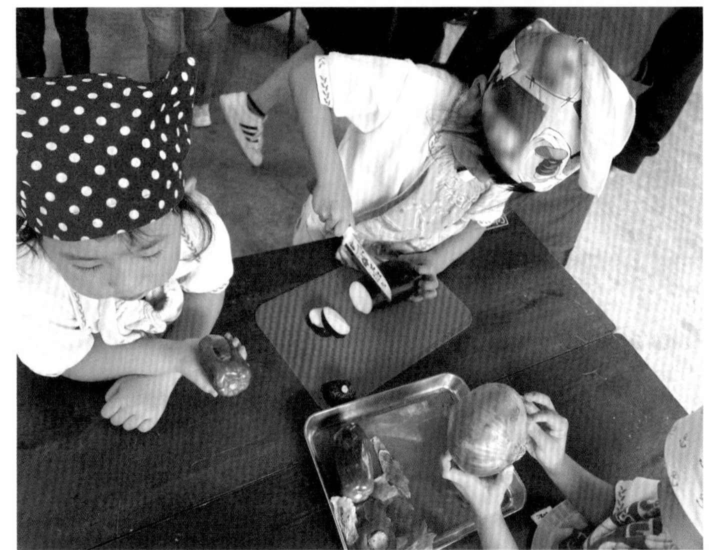

何回も調理を経験することで、子どもたち同士で役割分担がしぜんにでき、包丁の扱いも友達と注意し合って、安全に取り組む姿が見られます。

ごはんを炊くのも子どもがおこないます。回数を重ねるたびに、研ぎ方がじょうずになっていきます。

大鍋をみんなで囲んで調理します。「こうした豊かな食の経験が、将来にきっと役に立つと思います」と外村園長。

食育ポイント
収穫

四季を通じ、様々な収穫を体験

自然と向き合い、野菜を育てるむずかしさや収穫の喜びを感じられるように計画しています。収穫した食材は、「青空ランチ」でも大活躍します。

4月　いちご狩り
5月　夏野菜の苗植え・さつまいもの苗つけ
6月　じゃがいも・玉ねぎ掘り・田植え
7～9月　苗の育成・観察・収穫・梨狩り
10月　さつまいも掘り・稲刈り
11月　柿狩り・大根掘り
3月　じゃがいもの苗つけ

昔ながらの調理にチャレンジ

今の家庭ではなかなかおこなわれなくなった作業や調理にも挑戦します。

その一つが、５歳児の魚をさばく体験。一人一尾ずつ魚をさばき、その日のお昼ごはんにいただきます。魚が苦手な子どももいますが、自分でさばいた魚に感謝の気持ちが生まれ、残さず食べることができます。

二つ目は４歳児のみそ作り。およそ１年かけて仕込み、園の食事の味になります。手前みそという言葉通り、自分たちで作ったみその味は格別です。

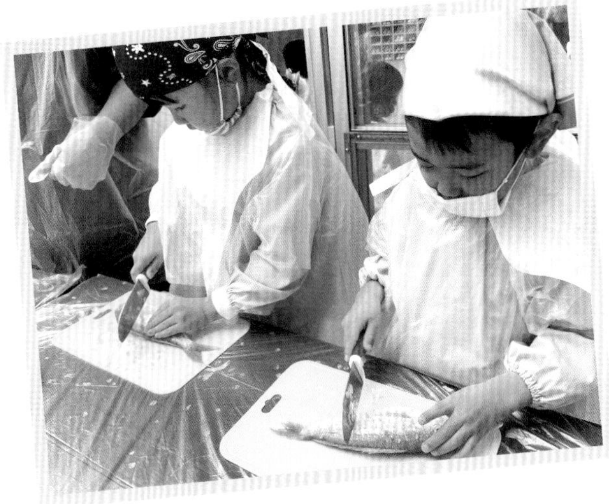

魚の血のにおいやヌルヌルする感触に、「くさい〜」「うわー」といった声があがりますが、みんな真剣です。

大豆を圧力がまで蒸してビニール袋に入れたあと、子どもたちが協力してつぶします。感触からも目からもつぶれていくのがわかり、達成感が得られます。

つぶした大豆でみそ玉を作るのも子どもたちがおこないます。泥団子のように丸めるのはお手のもの。

食育ポイント
行事

収穫を感謝する「新嘗祭(にいなめさい)」で伝統的な文化にもふれる

日本の四季に合わせた行事やその由来・伝統を伝えるとともに、収穫に感謝する機会として、「新嘗祭(にいなめさい)」をおこないました。

10月下旬の脱穀から準備を開始。みんなで、収穫した米でお供えするもちをつき、柿やさつまいもを収穫しました。当日は、保護者や地域の方からいただいたたくさんの野菜や果物も一緒にお供えし、みんなで秋の恵みに感謝しました。

お供えした野菜は、後日、みんなでみそ汁を作っていただきました。

鹿児島県鹿屋市

定員70名

社会福祉法人上名福祉会
認定こども園 つるみね保育園

一人ひとりが自分の畑をもち、自ら考え、自ら行動する

自分だけの畑だからこそのモチベーションがある

つるみね保育園に入るとすぐに、フラフープで区切られた個性豊かな小さな畑が並んでいます。

「決められたプログラムに沿って栽培する活動は、イベント行事に過ぎないのでは？」と疑問を感じた園長の杉本正和先生が、「自ら考え、自ら行動する食育」を目指して、年長児の活動である「あたしんちの畑」（旧名称：一人一畑）をスタートさせました。

葉を虫に食い荒らされる、台風で作物が横倒しになる、暑さや病気で枯れてしまうなど、小さな畑に降りかかる様々な困難に、自分たちで向き合います。自ら青虫を取り除く子、親と一緒に枯れた作物を抜く子、明日収穫しようと思っていたら翌朝カラスにかじられていて泣いた子どももいました。失敗も経験し、子どもはたくましさを増し、収穫の喜び・達成感を味わいます。毎日の取り組みだからこそ得られる経験です。

畑ごとに収穫時期が異なるので、“自分だけの収穫”が注目され、子どもたちは順々にヒーローになります。年下の子どもも「自分も年長になったら」と憧れます。自分だけの畑だからこそ生まれるモチベーションが、園内に満ちています。

個性豊かな「あたしんちの畑」。作物の種類もそれぞれ

６年ほど前にスタートした「あたしんちの畑」は、５歳児一人ひとりが自分の畑をもち、家族と一緒に栽培する作物を選ぶところから始まります。種まきから始める畑、購入した苗から始める畑、雑草をきれいに抜いている畑もあればそのままの畑もあります。

出入り口近くに畑を作ったのは園長のアイデア。ねらい通り、畑をはさんで子ども同士・家族・保護者同士のコミュニケーションが活発になりました。

送迎の際には、家族で畑の状態を確認したり作業したりします。「どうしたらそんなに育つの？」など、保護者同士の会話もしぜんと生まれます。

年下のクラスが畑を見学。「早く年長になって、自分も畑をもちたい！」「作物を育てたい！」と、憧れがふくらみます。

それぞれの畑の違いが目に入り、「もっとがんばろう！」と保護者のモチベーションアップにもなります。

食育ポイント ICT

食育にデジタルツールを活用

デジタル保育を始めて10年。食育でもプロジェクター等を使用し、下記のような実践を継続しています。

「元気タイム」

調理師が、年間４回、食材や料理の写真を使って、栄養について伝えます。その日のメニューでも、紹介した食材を使うことで、「食べたい！」という意欲を高めています。

「プレゼンタイム」

家庭から提供のあった思い出の写真を使って、質疑応答を楽しむプレゼンタイム。「あたしんちの畑」で収穫した野菜で、調理を楽しむ姿をプレゼンする機会が増えています。

第1章 多彩な食育活動

長崎県大村市

定員54名

社会福祉法人遊亀会
エミー認定こども園

子どもの疑問から始まった「綿あめプロジェクト」

「綿あめになるの?」とスタートした綿の栽培

園庭から九州新幹線かもめを眺めることができるエミー認定こども園の子どもたちは日々、畑での野菜作りに精を出しています。

4歳児が、畑にじゃがいもの苗を植えていたときのこと。近所の方から、「これも植えてみない？」と綿の種をもらいました。綿という言葉から綿あめを連想した子どもたちは、「綿あめになるの？」と興味津々。保育者は、本当のことを伝えるのがためらわれ、実がなるまで見守ることにしました。

ワクワクしながら生長を見守っていた子どもたちは、綿の実がついて綿あめにはならないこと、食べられないことを知りました。保育者は、きっとがっかりするだろうと思っていましたが、子どもたちの興味は「綿あめは何からできているのか」「どうやって作るのか」に移っていきました。

こうして生まれた「綿あめプロジェクト」。「イメージ通りの綿あめを作ろうと試行錯誤して考える姿が見られるようになりました」と、園長の桑川優子先生。お祭りのような大きな綿あめではなくても、自分たちで作れた、友達に喜んでもらえたことが、自信につながっていきました。

綿あめ製造機作りにチャレンジ

近隣の高校の文化祭で綿あめ販売があることを知った子どもたちは、「作り方を聞きに行ってみよう」と、近くの工業高校に出向きました。高校生に、綿あめの作り方と綿あめ製造機の仕組みを教えてもらった子どもたちは、なんと機械を手作りすることに！　段ボールやろうそく・空き缶などを集め、試行錯誤を重ねた結果、綿あめ製造機は見事完成しました。

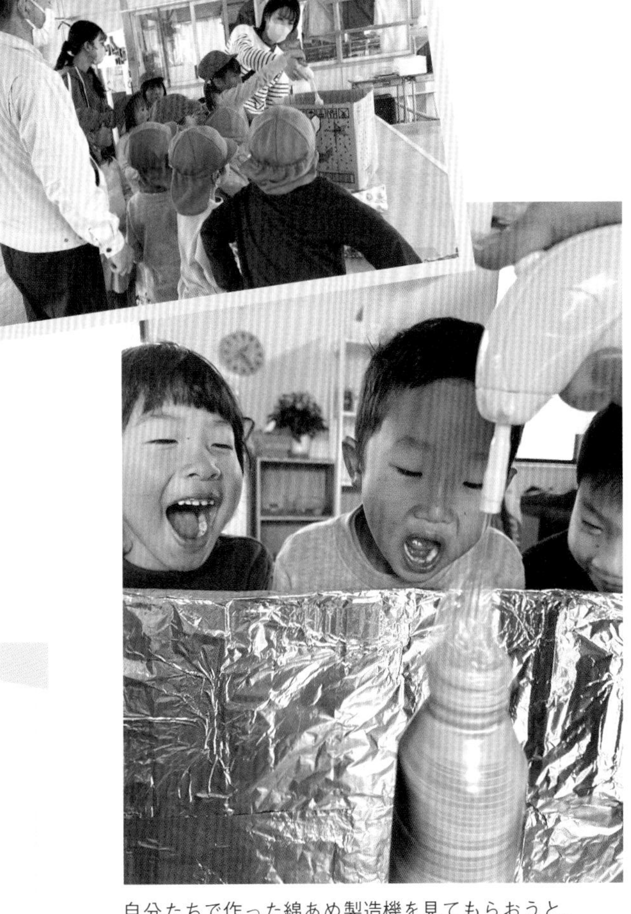

自分たちで作った綿あめ製造機を見てもらおうと、高校を再訪しました。機械をほめてもらい、「穴をもっと増やしたほうがいいよ」「まだ穴が開けられるよ」とアドバイスももらいました。その後、イメージ通りの綿あめができるまで、ざらめの量や空き缶に開ける穴の数を変えて何度も試しました。

食育ポイント エピソード

小さな種が子どもたちを大きくする

「綿は綿あめになるの？」という疑問から始まった綿の栽培。黄色い花が咲いたときは「綿あめは白いのに、黄色？」「黄色の綿あめができるんじゃない？」という声があがりました。実がはじけて飛び出すと、5歳児が「本物なら水に溶けるはず」と提案して、水にぬらしてみました。もちろん溶けるはずはなく、綿から綿あめができないことを、子どもたちはとうとう知ったのでした。

たった一粒の種が最終的に綿あめやさんをするまでになり、子どもたちの達成感や自信など、心を大きく育ててくれました。

年下の子どもたちを招いて綿あめをごちそうしたいという声があがり、綿あめやさんの準備も子どもたちだけでおこないました。

神奈川県厚木市

定員39名

社会福祉法人喜慈会
子中保育園

炊き出し訓練を通して
災害時の食を体験する

災害や炊き出しについて学び
真剣に取り組む

子どもたちの「自分でやってみたい！」を大事にし、困難にめげずにやり抜く力を育てることを保育理念に掲げる子中保育園。毎年、4・5歳児が炊き出し訓練をおこない、災害時の食を体験します。

訓練の前には、災害や炊き出しなどについて学ぶ機会をつくります。「明日の炊き出し訓練、自分たちで食事を作るの、楽しみね」と保護者が声をかけたところ、「楽しみじゃないよ。訓練だから真剣にやるの」と答えた子どももいました。炊き出し訓練に、子どもたちが正面から取り組む姿勢がうかがえます。

炊き出し訓練をスタートした2017年度は、大きな鍋で備蓄米を炊き、みそ汁を作り、レトルトカレーを温めました。2018年度は、畑で育てた野菜を使ってみそ汁を作り、コロナ禍を経て2021年度は、誰でも調理できることを目指して飯ごうでごはんを炊くなど、毎年、内容を見直してきました。

取り組みを通して、子どもたちの中に「食べものって大事だな」という意識が少しずつ根づいています。

炊き出し訓練で屋外調理を体験

炊き出し訓練には、４・5歳児が参加して飯ごうを使い、屋外に設置した即席のかまどで調理をするなど、ふだんのクッキング活動とは異なる体験をします。

事前に災害について学んでから訓練をおこなうため、訓練に対して真剣に取り組む気持ちがしぜんと生まれます。また、食料の大切さを意識して、食材をロスしないように慎重に扱う姿も見られました。

2017年度に初めて屋外調理に取り組んでから、継続しておこなうようになりました。経験を大事にしたいので、段ボール片の燃料を火にくべるのも子どもたちがおこないます。

毎年、5歳児が炊飯を担当します。災害時を想定するためか、米をこぼさないように、慎重に計量・洗米する姿が見られます。

みそ汁の具材は4歳児が準備し、味つけは5歳児がおこないました。何度も味見をして、友達と相談しながら味つけを決めていました。

ごはんをせんべい風の焼きおにぎりに

コロナ禍でも訓練を体験させたいという思いから、2020年度はレトルトのごはんを使ってせんべい風の焼きおにぎりを作ることにしました。子どもたちは、ごはんを加工することで保存食になることを学びました。

2021年度は誰もが手軽に炊飯することを目標に、飯ごう炊飯にチャレンジ。うまく炊けるかドキドキの子どもたちでしたが、ふっくら炊けたごはんを見て大喜びしていました。

長崎県大村市

定員95名

社会福祉法人遊亀会 いけだ認定こども園

食育計画表 p.108-111

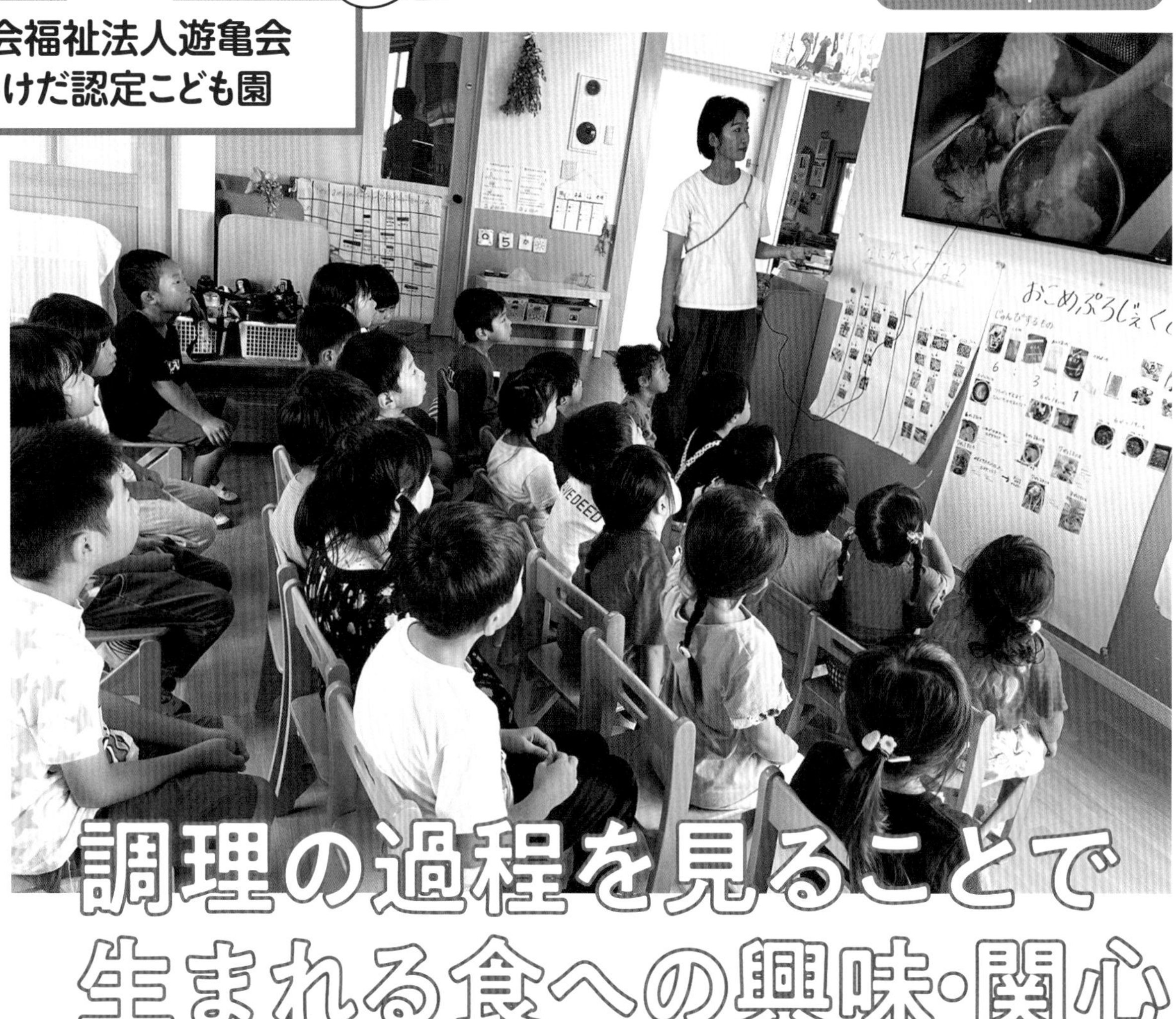

調理の過程を見ることで生まれる食への興味・関心

さっき動画で見たものが料理になって出てくるおもしろさ

「食べることは生きることそのもの。食への興味・関心を引き出すことで、子どもの生きる力も育つと思うのです」と、栄養士の山口さとみ先生。

子どもが食材や調理に興味をもつきっかけになればと始めたのが、調理の過程を撮影し、子どもと一緒に見る取り組みです。

「私がスマホで撮影し、すぐに動画編集をして、食事の前に保育室に備えつけたプロジェクターで流します。撮影したら、その日のうちに見てもらうのがポイント。さっき動画で見たものが実際に料理として出てくることで、子どもはよりおもしろさを感じられるようです」（山口先生）。

動画を見ながら「これは何という野菜でしょう？」「今、鍋で煮ているのは何でしょう？」などと保育者が問いかけたり、動画の中で栄養士が食材にちなんだクイズを出題したりすると、子どもたちはいっせいに手をあげ「はい！」「はい！」と大盛りあがり。

「楽しみながら食への興味・関心が高まるのはもちろん、その日はいつも以上に食が進むのもうれしいです」（山口先生）。

旬の食材や新メニュー紹介に役立つ!

動画を撮影するペースは月２～３回。旬の食材を使うときや新メニューのときなどにおこないます。保育者から「煮豆を作るところを見せたい」などのリクエストが入り、急きょ撮影に入ることもあります。

撮影した動画はその日の食事の前に流し、保育者の声かけによって子どもの興味・関心を引き出します。

保育室の備えつけのプロジェクターで動画を視聴します。

子どもたちが楽しく映像を見ることができるよう、撮影内容を工夫し、クイズを出します。保育者の問いかけに「はい！」「はい！」と手をあげ、子どもたちも大盛りあがりです。

映像で調理の様子を見ると、お昼の時間が待ち遠しい様子で、いつも以上によく食べます。

食育ポイント
声かけ

保育者の声かけで興味・関心を引き出す

保育者は、動画を見ながら子どもの興味・関心を引き出すような声かけをします。そのために、あらかじめ声かけを意識した画面を撮ります。

たとえば、レタスの「お尻」（芯）の部分やきゅうりの断面などをアップで撮って、動画を見ながら「なんの野菜でしょう？」「なんの切り口かな？」など。子どもたちからは元気な声で答えが返ってきます。

Column 1

なぜ食育が大切なの？

「保育所保育指針」などにも「食育の推進」が示されています。
なぜ、幼児期の食育が大切なのでしょう。

食育は、心と体の健康を維持し、いきいきと暮らしていくための基礎になる

2004年に厚生労働省から出された「楽しく食べる子どもに〜保育所における食育に関する指針〜」の中で、食育について「子どもは身近な大人からの援助を受けながら、他の子どもとのかかわりを通して、豊かな食の体験を積み重ねることができる。楽しく食べる体験を通して、子どもの食への関心を育み、『食を営む力』の基礎を培う『食育』を実践していくことが重要である」とされています。

近年、食育がより重要視される背景には、食に関した様々な課題が浮上している現状があります。例えば、栄養の偏りや不規則な食事などによる肥満、それらが原因と考えられる生活習慣病の増加です。また、食の安全や信頼にかかわる問題や、外国からの食料輸入に依存する問題など、食を取り巻く環境の大きな変化があります。

とくに子どもの食をめぐっては、栄養素摂取の偏り・朝食の欠食・小児期における肥満の増加など、問題は多様化かつ深刻化しています。共働きする家庭が多くなり、親子のコミュニケーションの場となる食卓において、家族そろって食事をする機会が減少している状況もあります。

こうした中で、子どもたちは園生活を通し、食に関する様々な経験をはぐくむことが重要になっていきます。

食育のねらい（幼児期）

食と健康

食を通じて、健康な心と体を育て、自ら健康で安全な生活をつくり出す力を養う。

食と人間関係

食を通じて、他の人々と親しみ支え合うために、自立心を育て、人と関わる力を養う。

食と文化

食を通じて、人々が築き、継承してきた様々な文化を理解し、つくり出す力を養う。

命の育ちと食

食を通じて、自らも含めたすべての命を大切にする力を養う。

料理と食

食を通じて、素材に目を向け、素材に関わり、素材を調理することに関心をもつ力を養う。

参考：「楽しく食べる子どもに〜保育所における食育に関する指針〜」（厚生労働省）

第2章

食事環境の工夫

ランチルームの環境づくりから
食事提供の仕方など、
食事の時間における配慮や
工夫を紹介します。

宮城県仙台市

定員140名

食育計画表 p.97

学校法人仙台みどり学園 幼保連携型認定こども園 みどりの森

地域の家庭料理を子どもたちに継承する

郷土料理を積極的に園の食事に取り入れる

幼保連携型認定こども園みどりの森では、地域の恵みを生かした「食」にこだわってきました。エネルギーの塊である子どもたちにとって、食べることは生命の基本だと考えているからです。

「みどりの森の提案する食事は、とてもシンプルです。日本人の食の原点に立ち返り、お米をしっかり食べること。そして、だしをとった具沢山のみそ汁とおかずといった、和食のよさを大切にしています」と、園長の小島芳先生。

また、地域の伝統に根ざした家庭料理を子どもたちに受け継いでほしいという願いから、郷土料理の継承にも力を入れています。仙台市を中心とした宮城県内の郷土料理を積極的に取り入れ、旬の食材とともに味わいます。さらにエリアを広げて東北地方の郷土料理にもふれながら、子どもたちがほかの地域の文化に親しむ機会もつくります。子どもたちの発見や興味に応えて、子どもたちが調理に参加することもよくあります。

さらに、子育て中の親子の集いの場として、子育て支援室兼カフェスペースを運営し、食を介した地域とのつながりづくりにも力を入れています。

ふるさとの味に親しむ郷土料理作り

園では、地域に伝わる伝統の味を大切にしています。宮城の夏の味といえば枝豆やそら豆をつぶした「ずんだ」。お盆の時期に仏壇に備えたり、来客をもてなしたりする「ずんだなす」を、園でも提供しています。

「ずんだなす」は、ゆでて下味をつけたなすを、枝豆をすりつぶして味をつけた「ずんだ」であえたもの。子どもたちは、ずんだ作りを担当します。

子どもが調理に気軽に参加できる機会を設けるため、興味があれば年齢が低くても参加できるようにしています。

朝、「枝豆の皮むきを手伝いたい人は来てください」と全クラスにアナウンスします。ずんだは、手間のかかる作業ですが、調理に興味がある子が参加しているので、最後まで手伝います。

食育ポイント

食事

宮城のお盆の献立が並んだ園の食事

この日の献立は、五目飯・おぼろ汁・ずんだなす・きゅうりのかす漬け・スイカ。仏前に備える精進料理のため、肉や魚は使いません。

子どもたちが手伝ったずんだなすは、真ん中のお皿、右側に盛られています。

学校法人仙台みどり学園
幼保連携型認定こども園
みどりの森

子どもたちが見つけた のびるを使って調理

みどりの森では、つくしやふきのとうなどの野草や木の実を、調理や製作などに使用しています。子どもたちがのびるを発見したときは、「ニラに似ているから、ぎょうざを作ろう！」という声があがりました。でも、のびるは毒性のあるスイセンとよく似ているため、さらに園長と保育者で調べ、確信を得てから調理することになりました。

小麦アレルギーの子に配慮して、米粉を使った手作りの皮で揚げぎょうざを作りました。できあがりを待つ子どもたちは、期待に満ちた表情をしていました。

園舎裏の畑の脇に見慣れない野草を見つけた子どもたちは、クラスに常備している図鑑で保育者と一緒に調べ、「のびる」であることをつきとめました。

初めて作ったのびる入りの揚げぎょうざは、とてもおいしくできました。一口食べた子どもたちから、「また作りたい！」の声があがりました。

食育ポイント
地域連携

親子が気軽に集まれるスペースを提供

園舎の隣にあった文具店を買い取って、子育て支援室兼カフェ「小山文具店」を運営しています。絵本の中のメニューを提供する日があったり、子ども用のおにぎりプレートもあったり、近所の親子が気軽に集まることができます。地域とのつながりが生まれ、近隣住民の憩いの場となっています。

子ども用のおにぎりのプレートは300円（税込）。

絵本の日のディスプレイ。

お泊まり会は子どもたちでメニューを決定

年長児のお泊まり会の夕食は、毎年、子どもたちが相談して決めたメニューを子どもたちが調理して食べることになっています。2023年度は、のびる入りのぎょうざを作った経験から、中国の方を講師に招いて本格的なぎょうざを作ることになりました。この学年は小麦アレルギーの子どもがいなかったので、小麦粉を使った手作りの皮も作りました。

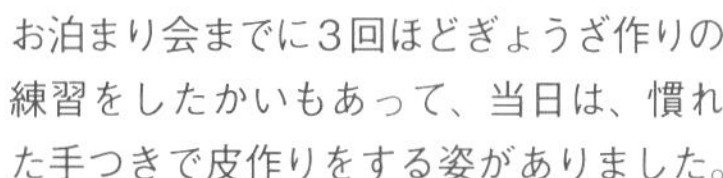
お泊まり会までに3回ほどぎょうざ作りの練習をしたかいもあって、当日は、慣れた手つきで皮作りをする姿がありました。

食材を細かく切るたね作りから、たねを包む作業まで、すべて子どもたちの手でできるようになりました。

お泊まり会の夕食には、定番ぎょうざ・スペシャルぎょうざ・畑で採れた玉ねぎとミニトマト入りのピザ風ぎょうざの3種類が並びました。

自分たちで採ってきたものがいっぱい入ったお泊まり会のメニュー

ふきみそに使ったふきは、沼へ探検に行ったときに採ってきたもの。スープには子どもたちが畑で育てた玉ねぎとじゃがいも、ぎょうざ作りで余った肉だねを入れました。

○ごはん　○ふきみそ　○もろきゅう

○ぎょうざ3種類
- 定番ぎょうざ
- スペシャルぎょうざ
  （スギナの皮：畑で収穫したじゃがいも&玉ねぎ・園でとったヤブガラシ）
- ピザ風ぎょうざ
  （赤しその皮：トマト・チーズ・畑で収穫した玉ねぎ&ミニトマト・ひき肉）

○スープ
（畑で収穫したじゃがいも＆玉ねぎ・わかめ・余ったぎょうざの肉だね）

○飲み物
- 桑の葉茶　・笹茶　・しそジュース

みんなで話し合って決めた、お泊まり会の夕食メニュー。

社会福祉法人省我会
新宿せいが子ども園

食事の時間を子ども同士の育ち合いにつなげる

子ども同士のやりとり、思い通りにならない経験が育ちの機会

新宿せいが子ども園が大切にしているのは、子ども同士の育ち合いです。核家族化、少子化が進む中、それは園だからこそ提供できること。そこで食事の場面でも、「みんなで一緒」を意識しています。

「3～5歳児はランチルームで、一斉に『いただきます』をしてから食事をします。座席は、自分で好きな場所を選んで座るシステムです。コロナ禍でもあえて黙食は指導せず、楽しくおしゃべりしながら食べることを大事にしてきました」と、園長の藤森平司先生。

異年齢での食事は、大きい子が小さい子のお世話をしたり、小さい子が大きい子を見習ったりなど、育ち合いの機会がたくさんあります。「自分が座ろうと思った席に誰かが先に座っていたり、『一緒に食べよう』と誘った友達が別の子と約束していて、残念な思いをすることもあります。でもそれは、自分の思いを相手に伝えたり、相手の気持ちに気づいたりするチャンスです」(藤森先生)。

新宿せいが子ども園の子どもたちは、毎日の食事の場面でコミュニケーション力を磨いています。

子ども同士が やりとりしながら配膳

子どもは配膳台の前にトレイを持って並び、自分の食べたい量を申告して、食事当番の子どもによそってもらいます。

子どもが自分で「何を」「どれくらい」「誰と」「どこで」食べるかを決めることで、子どもの主体性や自立心、協同性が育ちます。

「たくさん」「ちょっと」などと自己申告し、当番の子どもに食事をよそってもらいます。自分の気持ちを、相手に言葉で伝えることがしぜんと身についていきます。

子どもが自己申告すると食事の量には大きな差が。ここに「自分で考えて選ぶ」という子どもの主体性や自立心が現れます。

食育ポイント コロナ禍の対応

「みんなで一緒」の食事は、コロナ禍でも継続

子ども同士の育ち合いにつながる食事のスタイルは、コロナ禍においても感染予防に配慮しながら続けてきました。

飛沫感染を防ぐため、配膳台にアクリル製のカバーを設置。少しでも体調の悪い子には登園を控えてもらう、濃厚接触者となった場合は健康観察期間を厳守してもらうなど、園にウイルスをもち込まないための対策を徹底し、子どもの育ちを支えるためにできることをおこないました。

食事をよそってもらったら、自分の好きな場所を選んで座ります。「〇〇ちゃんの隣に座りたい」と思っても、必ずしもその希望が通るわけではありません。自分の気持ちに折り合いをつける練習になります。

大阪府門真市

定員181名

社会福祉法人友愛福祉会 幼保連携型認定こども園 おおわだ保育園

「生活する場」としての園で食の質を問い直す

小さな食育活動をていねいに積み重ねる

園は子どもたちにとっての「生活の場」です。おおわだ保育園の食育活動はイベントのような一過性のものではなく、日常の小さな活動をていねいに積み重ねることを大事にしています。

例えば3歳になると、大きなやかんでお茶を自分でそそぐようになります。こぼさないように、視覚や聴覚をフル活用しておこなう行為は一見ささやかですが、達成感や満足感を充分に味わえます。

「食にまつわる活動は、子どもたちの五感をフルに刺激します。保育活動の多くは、聴覚・視覚・触覚を刺激しますが、食育はさらに嗅覚と味覚にも働きかけます」と、園長の馬場睦代先生。

食育では変化が次々に起こるので、子どもたちの集中力も養われます。たとえば、子どもたちがおこなっている米とぎでは、水の温度が季節によって変わることを肌で確かめ、ごはんが炊けるにおいや音も体で感じ、五感を刺激することができます。

もっともおいしい状態で食事ができるように、その料理にふさわしい温度で提供するための環境づくりも園のこだわり。準備に手間はかかりますが、それが豊かな食経験の基本だと考えています。

毎日の小さな活動を大切にする

　食育活動を特別なものとして取り組むと、続けにくくなることがあります。そこでおおわだ保育園では、一見食育活動とは思えないような小さな活動を大切にして、毎日継続しています。活動し続けることで、子どもたちは達成感をもつことができます。

3歳になると、お茶をやかんから自分のコップにそそぎます。ささやかですが、じょうずにそそげたときの満足感が、自信につながっていきます。

毎日の米研ぎは、5歳児の大切な役割です。自分が用意したものを友達がおいしそうに食べる様子を見て、人のためにに役に立つ喜びや満足感をもつことができます。

5歳児は、ごはん・おかずの食べたい量を自分でよそいます。4歳児は、おかわりを自分でよそいます。

食育ポイント　食事

おなかを満たすことは心を満たすこと

　日々の食事でおなかを満たすことは、心を満たすことにつながります。友達や保育者と満腹感や満足感を共有することは、子どもたちにとって忘れられない思い出となり記憶に残るでしょう。おおわだ保育園では、おなかいっぱい！という体験を保障することも、園としての大切な務めだと考えています。

社会福祉法人友愛福祉会
幼保連携型認定こども園
おおわだ保育園

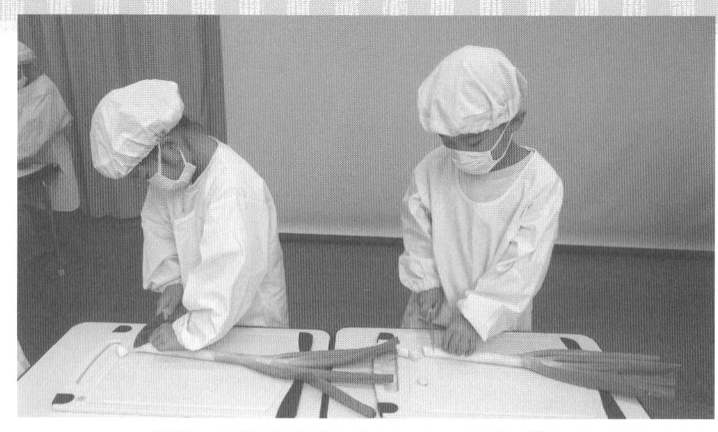

栄養士や調理担当者も協力して、５歳児が買い物・調理をおこないます。この日は、鴨鍋に入れるねぎと豆腐を切りました。毎月おこなっているので、包丁での調理も慣れた手つきです。

友達とあたたかい鍋を囲み 調理工程や季節を知る

毎月１回おこなっている「お鍋プロジェクト」。「調理のプロセスを体験したり、火の熱さを感じたり、目の前で変化を感じられるのは、鍋料理ならでは。季節の変化を感じ、旬の食材を取り入れられるのもよいところです」と馬場園長。メニューは、鯛しゃぶ・豚しゃぶ・水炊きなどで、職員による「給食会議」で話し合って決めます。

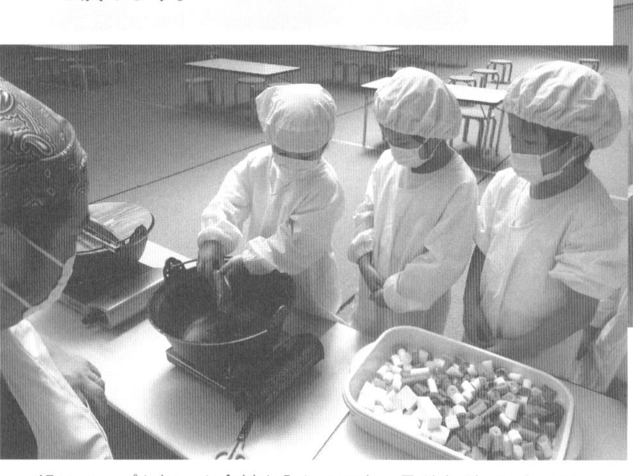

鍋にスープと切った食材を入れるのも、子どもがおこないます。できあがりが楽しみ。

一緒に調理した料理を食べる経験は、友達同士の関係を作るのにも絶好の機会となります。

できあがった鍋は、ねぎと豆腐に鴨肉のうま味がしみて、野菜が苦手な子もペロリと完食します。

食育ポイント
クッキング

子どもたちの“初めて”を大切に

調理の前に食材の観察をしたり、“初めて”の食材を扱うときは、保育者や栄養士からの話を聞きます。調理前の肉や魚の姿を見ることで、命をいただく大切さにも気がつきます。

鴨鍋調理では、鴨肉の様々な部位の違いを学びました。鴨肉を食べたことのない子どもも多く、興味津々で話を聞きます。

夏には旬のハモを使ったハモ鍋を作りました。ハモを見て、「うなぎみたいやな」「口が長い」など、気づきの声があがりました。

炊き出し訓練も大事な食育

月に一度、器材の状態確認も兼ねて、炊き出しで調理をおこなっています。これは、年に一度のイベント的な訓練だけでは、もしものときに充分な対応ができない可能性があるためです。「毎月１回取り組むことで、保育者にも子どもたちにも、もしものときの対応が身についてきました」と馬場園長。

災害時でも、温かく、安全でおいしい食事が提供できるように取り組んでいます。

屋根つきの遊技場で、栄養士・調理担当者を中心に、炊き出しの準備をおこないます。

炊き出し訓練のごはんは羽釜で炊き、たきつけは子どもがおこないます。

この日の炊き出し訓練で作ったのは麻婆なす。炊き立てのごはんにのせて麻婆なす丼を食べました。3歳児以上は災害時を想定して、シートを敷いた体育館でいただきます。

食育ポイント 災害食

非日常を日常化して有事に備える

東日本大震災を風化させないために始めた炊き出し訓練は、頻度を多くし、あえてバタバタした雰囲気の中で配膳をおこない、プラスチックの食具を使って食べ、非日常に慣れることを大切にしています。2018年に起こった大阪府北部地震の際には、園で豚汁を作って提供したところ、4歳児の女児が「よかった～」とつぶやき、改めて食の力を感じたそうです。

日ごろは使わないプラスチックのお皿やスプーンを使うのは、災害時に使い慣れない食具を使って不安が増大しないようにとの配慮から。非日常を日常にするための工夫の一つです。

東京都世田谷区

定員153名

社会福祉法人種の会
世田谷はっと保育園

ビュッフェスタイルの食事で食べられる量を知る子どもに

成長に応じて、食べる量を自分で把握する

世田谷はっと保育園のふだんの食事は、ビュッフェスタイル。成長に応じて自分の食べられる量を自分で把握すること、体調や運動量に応じて自分が食べられる量を調整することができるようになるのがねらいです。

ある日、子どもから「お昼ごはんをおにぎりにして、外で食べたら楽しいかも！」との声があがりました。

その言葉をきっかけに始まったのが、「イッテ給」という取り組みです。自分で作ったおにぎりと、調理室で作ったおかずを弁当箱に詰め、好きな場所で食べることができます。

「当初は、食べ残したり食べなかったりする子どもが多く出るなど、反省点がたくさんありました。ふだんの食事がビュッフェスタイルで、自分で食事量を調整していたのですが、弁当箱に詰める量がすぐにつかめなかったのだと思います」と、園長の衛藤美樹子先生。

調理室の職員も含めて話し合い、試行錯誤しながら取り組み方をアップデート。５年後の今、月に一度の取り組みとして定着しています。

体調や運動量に応じて食べられる量を把握する

ふだんの園の食事はビュッフェスタイル。成長に応じて自分の食べられる量を自分で把握すること、体調や運動量に応じて自分が食べられる量を調整することがねらいです。

たくさんください

3歳児

食事の量の見本を用意し、それより多い・少ない・同じくらいかを選びます。

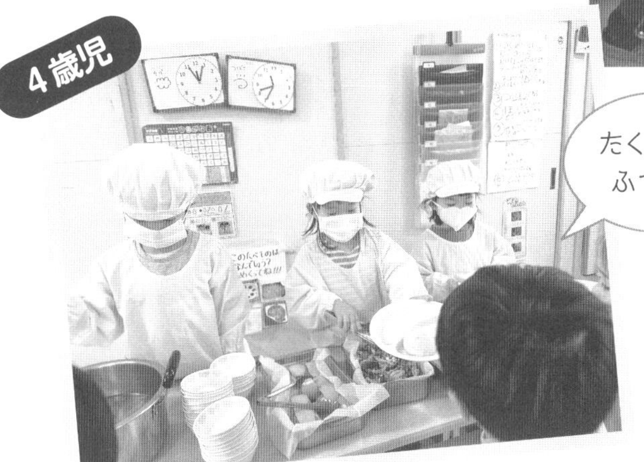
4歳児
たくさん？
ふつう？

自分の食べられる量を「もう少し多く」「もう少し少なく」など、具体的に伝えられるようになります。

好きな量を
自分でとれるよ
5歳児

5歳児は、自分の食事はもちろん、4歳児の盛りつけも担当するので、量の調整やきれいな盛りつけがだんだんじょうずになります。

食育ポイント

食事

ビュッフェスタイルの年齢ごとの取り組み

- **3歳児** 配膳担当の職員に、自分の食べたい量を伝える。
- **4歳児** 配膳係の5歳児に、自分の食べたい量を伝える。
- **5歳児** 自分で自分の食べられる量を盛りつけする。

社会福祉法人種の会
世田谷はっと保育園

食事の量を調整できる食事の工夫

「イッテ給」の日の食事は、食べやすい形状や味を中心に献立を立てています。園外用の弁当容器と食具を用意し、発達段階に沿ったスタイルを確立しました。

主におにぎりの数や大きさで食事量を調整できるようにしたところ、大きいおにぎりを作る子、小さいおにぎりを2つ作る子など、自分で考えながら取り組む姿がありました。

弁当作りから、自分の食べられる量を調整する力にもつながっています。

食育ポイント 食事

弁当作りの年齢ごとの取り組み

- **3歳児** 調理室の職員が調理室でおかずを弁当箱に詰め、おにぎりは自分で作る。
- **4歳児** 食べたいおかずの量を調理室の職員に伝えて詰めてもらい、おにぎりは自分で作る。
- **5歳児** おかずの量を考えながら自分で詰め、おにぎりは自分で作る。

4歳児は、職員に自分の食べられる量を伝えて、弁当箱に詰めてもらいます。

自分でおかずを詰める5歳児。苦手なおかずも一つは必ず入れるのが約束です。

食育ポイント 発展

2歳児の「おにぎり作り」が「イッテ給」につながった

ラップを使えば、2歳児でもおにぎりが作れます。これをきっかけに、自分で食べるものを自分で作る楽しみに目覚めた子どもたち。ここから「外でおにぎりが食べたい」発言につながりました。

好きな場所で、好きな人と食べる

「イッテ給」では、園内ならどこでも、好きな場所で食べることができます。園庭や遊具の中、職員室を選ぶ子どももいます。

好きな場所・好きな人と食べる食事は、子どもにとって何より「楽しくおいしく食べる」経験です。

職員室を選んで職員と食べる子どももいます。

ホールにレジャーシートを広げれば、遠足気分を味わえます。

食育ポイント 連携

話し合いを重ね 今の形に

初めての「イッテ給」は、隣接する公園に出かけて食べました。「楽しくおいしく食べる」という園の食育のねらいは達成できたものの、落ち着いて食事ができなかった・イベントのような取り組みになってしまったなど、課題がたくさん残りました。

そこで、職員会議や「給食会議」で話し合いを重ね、今の、「園内の好きな場所で食べるスタイル」に。落ち着いて食事をすることができています。

「楽しくおいしく食べる」ためにはどうしたらよいか、何度も話し合いました。

埼玉県松伏町

定員155名

社会福祉法人桜福祉会
幼保連携型認定こども園
こどものもり

居心地のよい空間で落ち着いて食べる

テーブルに花を飾り、BGMはオルゴールの音楽

こどものもりでは、3～5歳児は園舎の中央にあるランチルームで食事をします。天井が高く居心地のよい空間で、子どもたちは落ち着いた時間を過ごします。

ランチルームのテーブルには、園庭で育てた季節の花や植物が飾られています。

「テーブルセッティングは年長組の食事当番がおこないます。花を飾ったり、テーブルをふいたりして食卓を整えることで、食事を楽しみに待つ気持ちがしぜんと育つのです」と、副園長の若盛清美先生。

花びんの下には、テーブルに水滴がつかないようにとコースターが敷いてありました。細部にまで配慮が行き届いた環境は、子どもたちのていねいな所作にもつながっています。

食事が始まると、小さな音量でオルゴールの音楽をかけます。おだやかで上品な雰囲気の中、子どもたちは大きな声を出したり、立ち歩いたりすることもなく、ゆったりと食事を味わい、楽しんでいました。

互いの顔が見える 六角形のテーブルで食事

六角形のテーブルは、みんなの顔が見えるので会話を楽しむのに最適です。子ども用のサイズがなかったので、大人用のテーブルの足を切って保育者が製作しました。

テーブルには常に台ふきを置き、汚れたらすぐにふけるようにしています。常にきれいな状態にしておくことで、子どもたちの「その状態を保とう」という意識にもつながります。

園によくあるタイプの長方形のテーブルは、端に座る子ども同士の距離が開いて会話を楽しむことができません。六角形なら、等間隔で座れます。

台ふきんはかごに入れて、見た目にも美しさを意識しています。

食卓に花を置くという空間の配慮で、食事を楽しむ気持ちが生まれます。

食育ポイント 食事

少人数のグループごとで「フリーランチタイム制」

子どもが園に慣れる11月ごろから、全員で一斉に食事をするのではなく、少人数のグループごとに、テーブルについて食事をします。

11時20分から13時ごろまでの間に、調理室の職員が「らんちたいむ はじまりました」の札を出すと、グループごとに食べたい時間を決めて、テーブルにつきます。

食事中にかけるインストゥルメンタルの楽曲は、子どもの気持ちを落ち着かせる効果もあるようです。

Column 2

食育で目指す子どもの姿とは?

「楽しく食べる子どもに～保育所における食育に関する指針～」において、
食育で目指す子ども像として５つの姿が掲げられています。
また、実現のための具体的な実践例を提示しています。

食育が目指す子ども像

1
おなかがすくリズムのもてる子ども

2
食べたいもの、好きなものが増える子ども

3
一緒に食べたい人がいる子ども

4
食事づくり、準備に関わる子ども

5
食べものを話題にする子ども

目指す子ども像に向けた食育の視点

次の場面に「食育」の視点を含めて活動の計画を立てます。

遊ぶことを通して

食を通じて、人々が築き、継承してきた様々な文化を理解し、つくり出す力を養います。

食べることを通して

おいしく、楽しく食べることは「生きる力」の基礎を培います。食への興味・関心を引き出すことが大切です。

食文化との出会いを通して

様々な食文化に出会う中で、子どもは食生活に必要な基本的習慣・態度を身につけていきます。

人との関わり

誰かと一緒に食べたり、食事の話題を共有することが、人との関わりを広げ、愛情や信頼感を育みます。

料理作りへの関わり

調理を見る・食材にふれることは、食欲につながるとともに、自立した食生活を送るためにも不可欠です。

自然との関わり

自分たちで飼育・栽培し、ときにそれを食することで、自然の恵み、いのちの大切さに気づいていきます。

参考：「楽しく食べる子どもに～保育所における食育に関する指針～」（厚生労働省）

第3章

0・1・2歳児の食育

0・1・2歳児クラスで実践された食育の内容や
導入の流れなどのアイデアを紹介します。

長崎県大村市

定員12名

食育計画表 p.100

社会福祉法人遊亀会
ちいさな保育園Ma+na（マーナ）

食育活動は、子どもの声や姿から広げる

2歳児でも広がるクッキング！

ちいさな保育園Ma+na（マーナ）は、0～2歳児までの12人の子どもたちが通う小さな保育園。少人数という特徴を最大限に活かし、子どもたちが時間に急かされることなく、好奇心のおもむくままにゆったり過ごせる保育を目指しています。

「食育についても、子どもの姿から活動の内容を考えます。そのために、まずは子どもが『おなかがすいた』『これ食べてみたい』『お友達と一緒に食べたい』『どんな味がするかなあ』などと感じられる環境をつくることが大切だと思います」と園長の高原雄大先生。

月見団子のクッキングは、子どもが園庭でのどろ団子作りに夢中になっている姿にヒントを得た活動です。初めて白玉粉にさわる子どもがほとんどで、まずはその感触をじっくり楽しんでいました。どろ団子作りのように、手についた粉を手のひらを合わせてすりすりしたり、机の上に落ちた粉を手で伸ばしたり。まさに遊びながらのクッキングに夢中！

子どもの興味・関心をうまく引き出すことで、0・1・2歳児の食育の幅は広がっていきます。

月見団子作りに 2歳児がチャレンジ

園庭でのままごと遊びで「はい！　お待ち！」という言葉を「おもち」と聞き間違えた子どもがいました。「おもち」から「お団子」を連想して、園庭の土を使ってどろ団子作りが始まりました。

どろ団子ブームが続く中、絵本に出てきた「月見団子」に興味を示した子どもたちは、保育者が「作ってみる？」と聞くと、子どもたちは「作る！　作る！」とやる気満々の返事。そこから白玉粉を使った月見団子クッキングを計画しました。

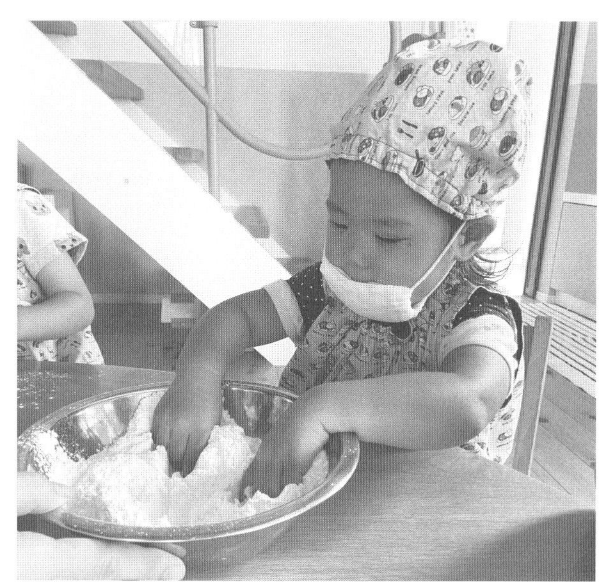

はじめに白玉粉の感触を楽しみます。恐る恐るさわる子どももいれば、大胆にわしづかみする子どももいます。

調理室に移動し、丸めた団子をゆでます。ふだん入れない調理室に入って、緊張気味の子どもたち。慎重に湯の中に団子を入れました。

できた団子に、子どものリクエストで「いちごジャム」をつけて食べることになりました。「おいしい」「おかわり」と大好評でした。

食育ポイント クッキング

団子作りからうどん作りに発展

うどんの絵本を読み、昼食にも登場するうどんが月見団子と同じように作れることを知った２歳児の子どもたち。「作りたい！」との声を受け、うどん作りをすることにしました。

小麦粉に食塩水を加えて生地を作り、団子作りのときのように手でこねこね。できた生地はみんなで踏んで延ばしました。めんを切るときは、包丁にもチャレンジ。子どものアイデアで、型抜きも使いました。できあがったうどんは、１歳児も一緒に味わいました。

社会福祉法人遊亀会
ちいさな保育園Ma+na（マーナ）

2歳児がきゅうりの栽培にチャレンジ

「園の菜園で何を育てようか」と子どもに問いかけたところ、図鑑を見ていた子どもから「きゅうりがいい！」との声があがりました。そこで、２歳児を中心にきゅうりを栽培することにしました。生長を楽しみに見守り、「赤ちゃんきゅうり」が実っていく様子を観察します。そして、待ちに待った収穫の日。もぎたてのきゅうりをみんなでよく見て、手でふれて、においもかいでみます。

じっくり観察してから、スティック状にして食べてみました。

ふだん野菜が苦手な子どもも、自分たちで育てたきゅうりとあって、食べてみようとしたり、なめてみたりする姿が見られました。

水やりは2歳児が担当。０・１歳児も興味がある子は水やりを手伝います。葉っぱを見て楽しむことも栽培活動の一つです。

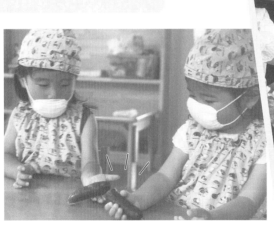

収穫したきゅうりを観察。真ん中で半分に切って中を観察すると、「丸いね～」「緑と白があるね」などという発見の声があがりました。

「赤ちゃんきゅうり」からあっという間に大きくなるので、子どもたちはわくわくしながら生長を見守ります。

子どものリクエストで、マヨネーズや塩をつけて食べたところ、ふだんあまり食べない子も、「おいしい」と言って食べました。

氷をさわって「食べたいな」から
アイスキャンディ作りへ

夏真っ盛りの遊びの中で、氷遊びをしました。すると、「食べたいな」との声があがり、「みんなで本当に食べられるアイスキャンディを作ろうか」と提案。２歳児がアイスキャンディ作りをすることになりました。

バナナなどの果物と100％ジュースをアイスの型に入れて、冷凍庫へ。翌日、固まったアイスキャンディを見て、目を輝かせながら喜ぶ子どもたち。アイスキャンディは０・１歳児にもおすそ分け。自分で作ったアイスキャンディは暑い夏のおやつに最高でした。

好きな果物ジュースを選び、アイスキャンディの型に入れます。

アイスキャンディの冷たさを感じながらおいしくいただきます。

食育ポイント
クッキング

「つぶす」「こねる」で楽しむクッキング

０・１・２歳児の調理活動で、無理なくできるのが「つぶす」「こねる」作業です。

きゅうりを収穫したあとの菜園でさつまいもを育てており、収穫後、スイートポテトを作る計画を立てています。

「ふかしたさつまいもを粗くつぶしたものをビニール袋に入れ、子ども一人ひとりに渡します。それをつぶしてこねて、ホットプレートで焼いて完成。主に２歳児の活動にする予定ですが、興味をもった子がいれば０・１歳児でも参加できるかもしれないと考えています」（高原先生）。

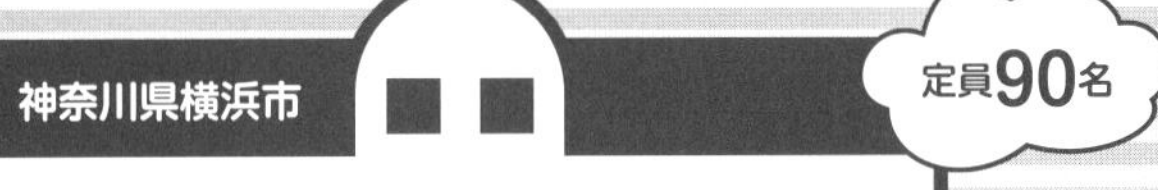

社会福祉法人久良岐母子福祉会
くらき永田保育園

食への意欲をもち、主体的に食と向き合える子に

発達の順序をふまえた対応で「自分で食べる力」を引き出す

くらき永田保育園では、子どもの発達段階に応じて保育者の介助の仕方を工夫し、できるだけ子どもが「自分で食べる」ことを保障しています。

「乳児の食育というと、栄養バランスのとれた食事をいかに完食させるかに注意が向きがちです。でも、それ以上に大切なのは、食への意欲をもたせ、主体的に食と向き合えるようになること。それが、心身ともに豊かな子どもを育てることにつながります」と、園長の鈴木八朗先生。

「それには、保育者が子どもの発達の順序を理解していることが必要です。手づかみ食べからスプーンに移行するのにも、子どもがスプーンを持てる発達段階になければうまくいきません」

たとえば、スプーンは、肩があがる→ひじが動く→手首のひねりや返しができる→指先が開くという発達段階を経て使えるようになります。

「子どもがどの発達段階にあるかの見極めは、食事の場面だけでなく、たとえば、遊びのときにどのようにおもちゃを扱っているかで確認できます。職員同士で情報を共有しながら、子どもの食の育ちを見守っています」（鈴木園長）。

授乳のときから、主体的に食べている意識を育てる

授乳期の子どもにミルクを飲ませるとき、保育者は子どもの両手が自由に使えるように気をつけて抱っこをしています。こうすることでしだいに子どもが自分の手で哺乳びんを支えるようにしむけていきます。

「食べさせてもらっている」ではなく「自分で食べている」意識を乳児期からもてるような環境づくりを大切にしています。

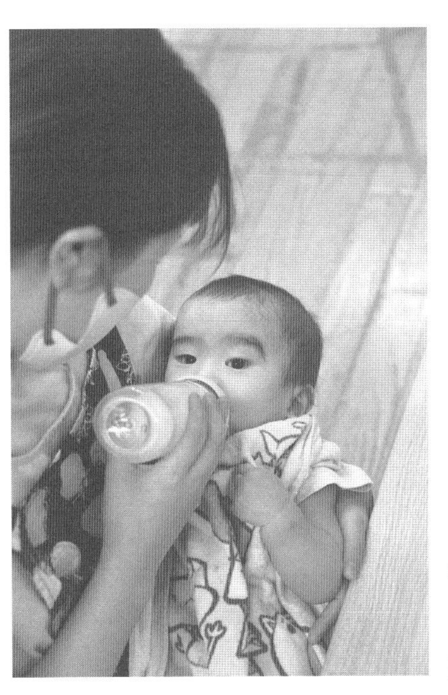

最初に「ミルクを飲もうね」と言葉をかけてから授乳し、食事の時間の始まりを伝えます。

離乳食が始まって介助をするときも、子どもの手が自由に動かせるように支えます。

食育ポイント 食事

口の動きから判断して離乳食を進める

離乳食は、子どもの口や唇の動きから、どのくらい咀嚼（そしゃく）する力があるかを判断して段階を進めます。たとえば、9～11か月の子どもの姿として、咀嚼側の口角が縮むという姿が見られます。そうして、口の動きが左右対象ではなくなったら、歯ぐきですりつぶすことができるようになったサイン。遊びや発達の姿を保育者と調理室の職員が共有し進めていきます。

発達に合った離乳食をしっかり見極めて用意することで、離乳がスムーズに進みます。

社会福祉法人久良岐母子福祉会
くらき永田保育園

遊びを通して、自分で食べる技術をはぐくむ

生活や遊びの中で使う手の動きは、子どもの「食べる技術」と密接につながっています。くらき永田保育園では、0歳児から、手の発達を促すおもちゃを積極的に取り入れ、握ったり引っ張ったりする経験がたくさんできるようにしています。

遊びの中で充分に手が動くようになると、食具の扱いもうまくなり、食べる意欲につながっています。

様々なおもちゃで楽しく遊びながら、ものを持つ・握る力が育ちます。

ものをつまんで穴に入れるおもちゃは、指でつまむ手の発達を促し、食べものを自分でつまんで食べられるようになります。

遊びの中で「すくう」経験をたくさん積むことで、スプーンやフォークをじょうずに扱えるようになります。

食育ポイント
食の発達

手指をたっぷり使えるおもちゃを手作り

周囲の手の機能の発達を促すおもちゃは、保育者が手作りしたものがたくさんあります。「指でつまむ」「手首をひねる」など、目指す機能に合わせて作り、子どもが遊んでいる姿を見ながら微調整をすることもできます。手作りおもちゃは、食べる技術の習得につながっています。

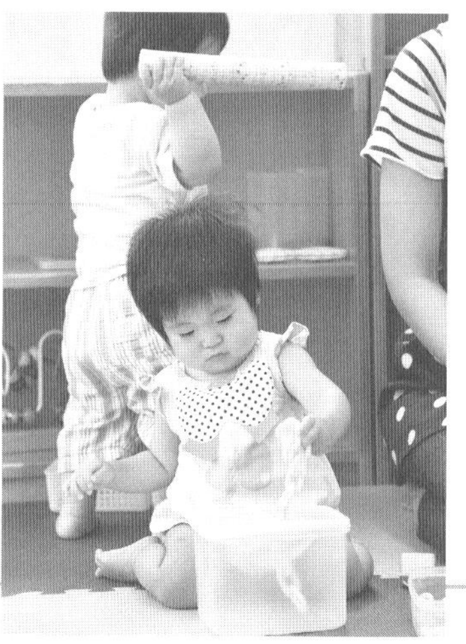

プラスチック容器に穴をあけただけのおもちゃ。簡単にできるので、保育者は、子どもの発達に合わせた様々なおもちゃを手作りしています。

食育ポイント 幼児の活動

幼児期以降の食べる意欲は、人とのかかわりの中で育てる

「『楽しく食べる子どもに～保育所における食育に関する指針～』に示された目標とする子ども像のうち『食べものを話題にする』というのは、どう育てればいいんだろうねと職員同士で話し合いました。そのとき、そういえばぼくたち大人も、ふだん食べている食材のことを何も知らないと気づきました」（鈴木園長）。

誰がどんなふうに作っているか、どこでとれているか――「食材の物語」を知ることが「食べものを話題にする」ためのスタート。そう考えて、園で取り寄せている無農薬野菜の農家・鈴木和夫さんにお願いし、子どもたちと接する機会を意図的につくりました。

週２回、園に野菜を運んできてくれる鈴木さん。園の食事に招き、「いつも食事で食べている野菜を作ってくれている鈴木さんだよ」と子どもたちに紹介しました。

鈴木さんの畑でいも掘り体験もおこなっています。

鈴木さんからたくさんの話を聞くうちに、子どもたちと鈴木さんとの距離がどんどん近づいていきました。写真は、鈴木さんをイメージして子どもたちが作ったかかし。

鈴木さんの野菜を家庭でも味わってもらうため、園で販売することに。お迎えの時間に合わせて、子どもたちがお店を開きました。

大分県国東市

定員130名

社会福祉法人和順会
認定こども園 むさしこども園

食との出会いを大切にして安心して楽しく食べる子に

「食育推進部」を中心に環境づくりに取り組む

むさしこども園には食育推進部があり、よりよい食環境づくりに積極的に取り組んでいます。

「毎月1回、食育推進部の話し合いをおこなっています。その中で、1歳を過ぎると好き嫌いが出てくるという話題になり、食べることとの出会いはすごく大事だな、ということにあらためて気づきました」と、主幹保育教諭の元永千加子先生。今の家庭では市販のベビーフードを使っていたり、使う食材の数が限られていたりします。そのようなこともふまえ、0歳児ではとくに、食べることとの出会いをていねいにしていきたいと思ったそうです。

その土台となるのが、安心して食べられる環境づくり。子どもと保育者の信頼関係のもとで新しい食材にふれ、ドキュメンテーションなどを通じて家庭に様子を伝えながら、子どもが安心して楽しく食べることを第一に考えました。

「家庭でも食べもののことを話題にしてほしいという願いもあり、園で採れた野菜のおすそ分けや、園のレシピの紹介をしています。家庭と協力しながら、一人ひとりに合わせたよりよい食の環境づくりを目指しています」(元永先生)。

年齢に応じた食との出会いを演出

０・１・２歳児は、それぞれの年齢に応じた食との出会いを楽しめる食育活動を意識しています。

０歳児クラスは五感を使った経験を積む、１歳児クラスは初めての調理活動にチャレンジする、２歳児クラスは野菜の栽培と、発達に合わせて取り組んでいます。

発達の差が大きい時期なので、それぞれの子どもができる範囲で参加できるようにしています。

０歳児は、本物の食材にふれる、においをかぐなどの経験をしました。観察するときは、一人一つずつ食材を持たせて、ゆっくり観察できるようにします。最初はさわることを怖がる子もいましたが、回数を重ねるうちに慣れ、さわれるようになりました。

１歳児の調理活動として、５月にそら豆をさやから取り出す経験をしました。初めて見るそら豆に不安をもつ子どもは、保育者と一緒に友達が取り出す様子を観察しました。

２歳児は、部屋から見える位置にプランターを置き、野菜の栽培を始めました。保育者が『トマト』（童謡）の歌をうたうとトマトを指さし「あれだね」と保育者に伝えようとする姿がありました。

食育ポイント 発展

食材を絵本で確認

食材にふれる機会が多くなり、野菜への興味・関心が高まってきました。そこで、食べものの絵本や図鑑を用意し、照らし合わせてみることになりました。絵や写真を見て、「これ、同じ」と気づき、野菜や果物に注目する子どもが増えました。

東京都葛飾区

定員19名

Sunny Smile株式会社 金町サニーキッズ保育園

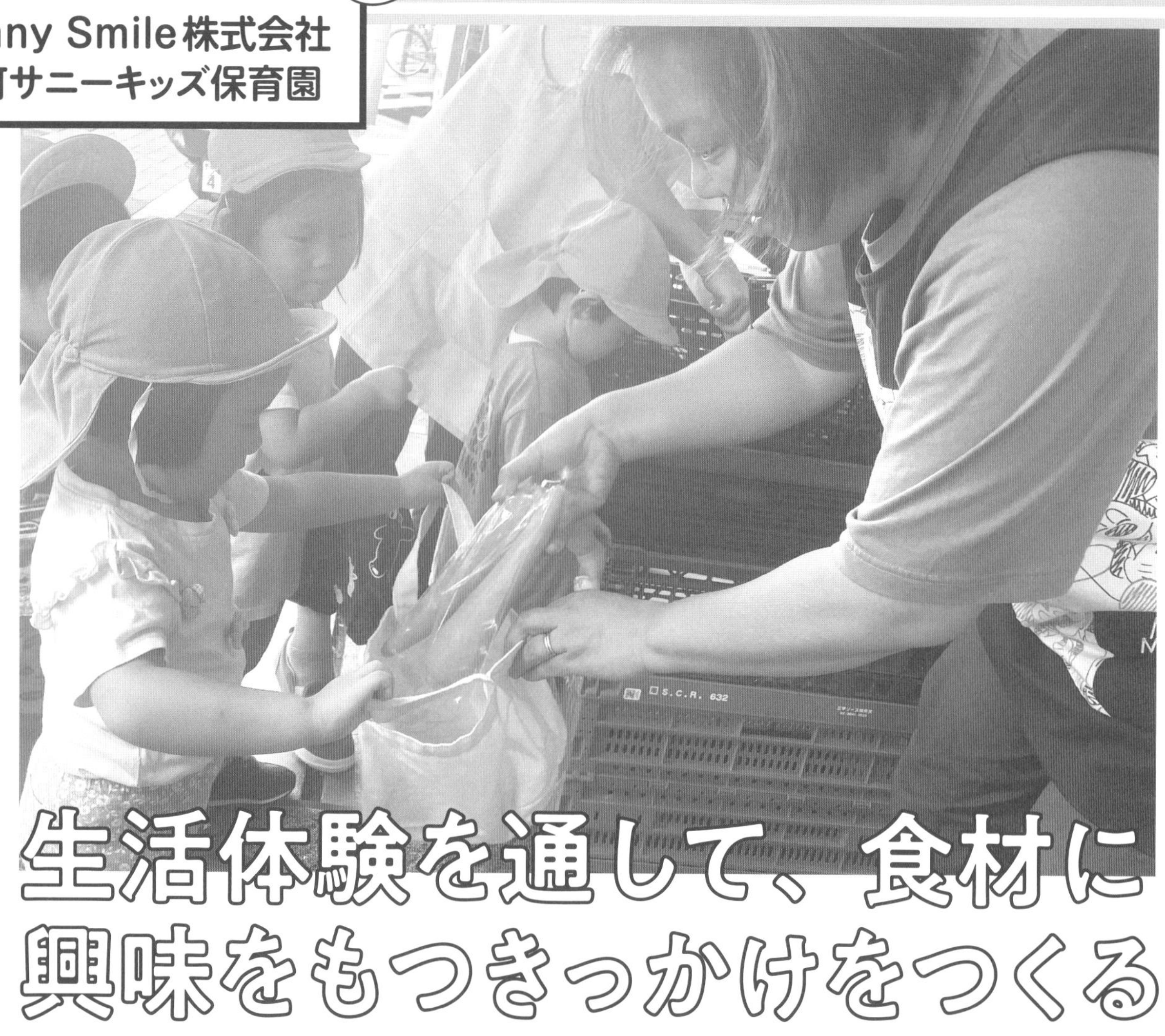

生活体験を通して、食材に興味をもつきっかけをつくる

ままごと遊びの延長で買い物を経験する

金町サニーキッズ保育園は、0～2歳児までの小規模認可保育園。地域のやおやさんの協力を仰ぎ、毎月1回、2歳児が中心となっておつかい体験をしています。

「大人のまねをしたい時期なので、ままごと遊びの延長で楽しみながら食に興味をもつきっかけをつくろうと思いました」と、園長代理の遠藤咲和先生。

おつかい体験の日は、散歩に行く前に保育者が「今日はカレーに入れるにんじんを買いに行くよ」などと声をかけ、子どものやる気を引き出します。散歩に出かけるときに当番の子がバッグと財布を持ち、帰り道に園の近所のやおやさんで買いものをします。

買う品ものは、その日の食事のメニューに出てくる野菜です。散歩の時間にはすでに調理が始まっているので、子どもがその日買ってすぐ調理するわけではないのですが、子どもにとっては「さっき買ったにんじん」です。「自分が買ってきたものだという思いがあるので、いつも以上に食事に興味をもち、喜んで食べる姿があります」（遠藤先生）。

やおやさんで、おつかい体験

おつかい体験は２歳児が中心ですが、散歩の帰りに一緒になった１歳児が参加することもあります。

やおやさんでは、「購入する野菜の名前と数を伝える」「受け取った野菜をバッグに入れる」「野菜の入ったバッグを持つ」「お金を払う」などを子どもたちがおこないます。１年を通して、みんながいろいろな役割を体験できるようにしています。

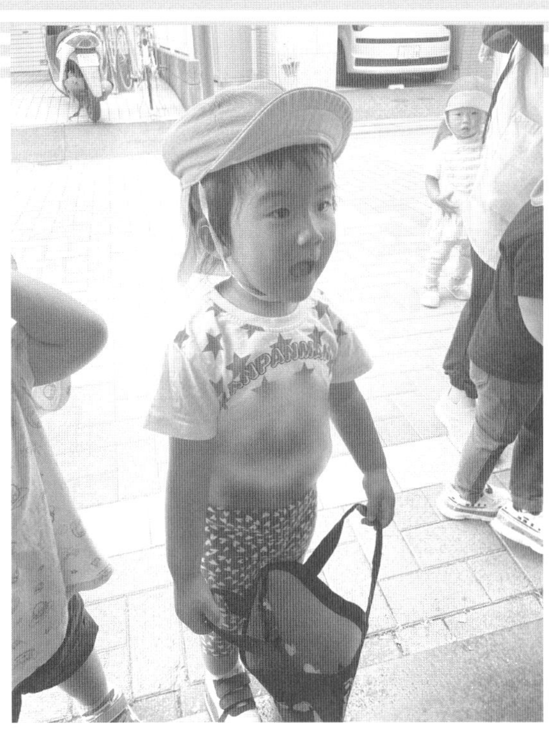

やおやさんに到着。お店の人に「にんじんを２本ください」などと伝えて、にんじんを受け取ります。ふだん食べているものが、こうやって園や家庭に届いていることを学ぶ機会にもなっています。

お金を払ってレシートを受け取ります。「お金を払ってものを買う」という購買の仕組みを体験します。

買ってきた野菜を調理室の職員に渡します。「ありがとう」と言ってもらい、子どもは達成感と役に立った喜びを感じます。

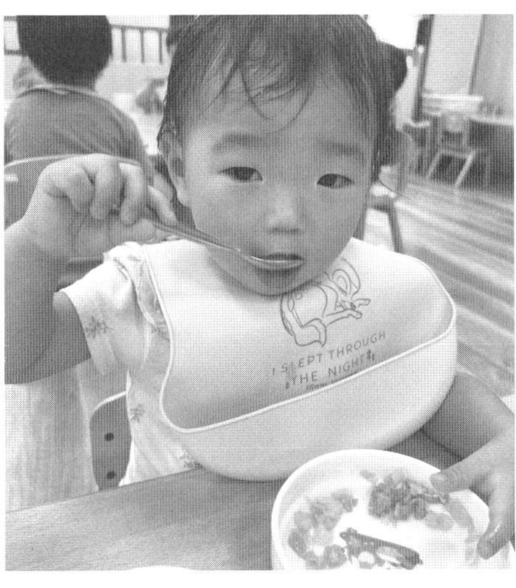

「これ今日買ったにんじんだよ」と伝えると、料理に入っている食材にしぜんと興味が向き、いつも以上にうれしそうに食べます。

食育ポイント 食材

買う野菜は、子どもにわかりやすく、日もちするものを選ぶ

買う野菜は、にんじん・じゃがいも・玉ねぎなど、子どもたちがよく食べていて、絵本などでも目にする、身近なものを選びます。また、その日の調理には使わないので、日もちするものを選ぶようにしています。

Column 3

「食育計画」の立案から実践への流れ

食育の活動も計画立案が大切です。園の食育目標をベースに、子どもの食をめぐる姿を把握し、課題を整理したうえで、「どんな子に育ってほしいか」の視点をもって計画を立てます。計画立案から実践までの流れをまとめます。

1 子どもの実態を把握する

個々の食の場面だけではなく、遊びの姿や、集団としての姿、さらには家庭や地域社会の実態も把握します。

↓

2 食育のねらいを設定する

園の食育目標をふまえ、子どもの実態と照らし合わせて、具体的なねらいを立てます。

↓

3 活動の内容を決める

ねらいを達成するために、どの場面（p.50「実践の場面」参照）で、どのような実践をするかを考えます。ただし、一つの場面に限るのではなく、相互に関連しながら展開していくことを視野に入れます。

↓

4 計画を立てる

「保育計画」「指導計画」の中に位置づくものとしてとらえながら、計画を立てます。
※巻末付録（p.96 ～）も参考にしてください。

↓

5 実践する

食育計画をふまえて適切に進められているかを把握しつつ、柔軟な対応や発展的なものになるようにします。

↓

6 振り返る

実践の経過や結果を記録し、振り返ります。振り返りは次の計画に生かしていきます。食育の質の向上のためには、園全体で振り返ることも大切です。

参考：「楽しく食べる子どもに～保育所における食育に関する指針～」（厚生労働省）

第4章

家庭や地域との連携

保護者支援や地域の方との交流など、
家庭や地域との食を通した
関わりを紹介します。

徳島県勝浦町

定員40名

社会福祉法人和田島福祉会
勝浦みかん保育園

食育計画表 p.106-107

地域ぐるみでの食育活動を通してSDGsに取り組む

地域の方々の協力を得て、特産や産業を知る

山や川の豊富な食資源に恵まれた地域にある勝浦みかん保育園。地産地消を大事にし、多様な食育活動をおこなっています。

「食べることは生きることだと思います。特に乳幼児期の子どもにとっては、においをかいだり、食材をさわったり、調理の音を楽しんだり、目で見てワクワクしたりと、食べることは全身をフルに使って五感をはぐくむものだと考えています」と、園長の西浦美紀先生。

園の姿勢に賛同する地域の方々が、漁の解禁日にアユを届けてくれたり、みかん畑に子どもたちを招いてみかん狩りをさせてくれたり、地域ぐるみでの食育活動にもつながっています。

3年前からは、園芸や農業が専門の徳島県立小松島西高等学校勝浦校と、「地域を大切に思い、住み続けられるように」と地域創生を視野に入れた活動を始めました。園の畑で、植えつけや育て方・収穫を、高校の教諭や高校生に指導してもらいます。

地域の方が様々な形で園の食育活動に協力してくれる環境で、地域ぐるみの「住み続けられるまちづくり」の実現にもおのずと結びついています。

地元の天然アユの塩焼きをみんなで「いただきます」

アユの解禁日には毎年、園の横を流れる川で釣った天然アユを、保護者が差し入れてくれます。さらに、地域の“焼き名人”が子どもたちの目の前で、アユの塩焼きを作ってくれます。

アユ焼きの日は全園児が参加します。０～２歳児はアユにさわる体験とアユ焼きの見学。３～５歳児はさらに焼いたアユを園庭でいただきます。

子どもたちが勝浦町の魅力を再発見する機会にもなっています。

最初にアユのつかみ取りを体験。活きのいいアユに悪戦苦闘しながらも興味津々な子どもたち。新鮮なアユは、きゅうりのようなにおいがすることにも気づきます。

じっくりと焼きあがったアユは、パリパリっとして、「もっといっぱい食べたい！」「おかわりある？」「ぼくも釣ってみたい！」と子どもたちも大喜び。

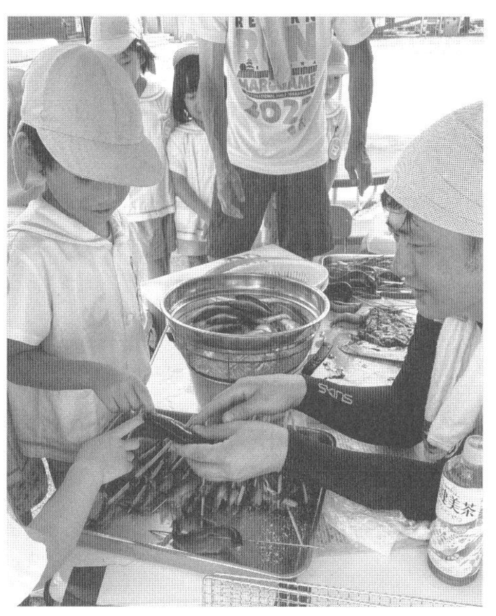

「この歯で、岩についたコケをカリカリと削いで食べるよ」など、地域の“焼き名人”がアユの生態をていねいに教えてくれます。

食育ポイント 食事

夏の終わりには、川で採れたシジミを観察

9月初めには、地域の方が地元の川で採った「マシジミ」を園に届けてくれました。

たらいにシジミと砂を入れて、2～5歳児で「貝掘りごっこ」を楽しみ、採った貝はそれぞれ家に持ち帰って、家庭で食べてもらいました。

地域の方がいつも気にかけることで、子どもたちは地元の産物にふれることができ、地域のよさを五感を通じて実体験として学んでいます。

浮いてきた泡を見つけて、「動いた」と気づいたり、「大きい」などと言って、楽しみました。

社会福祉法人和田島福祉会
勝浦みかん保育園

地域の方とともに SDGsを意識した取り組み

3月17日が「みんなで考えるSDGsの日」であることから、毎月17日を園の「SDGsの日」として、SDGsを意識した食育活動に取り組んでいます。

5月は、地元のみかん栽培で間引いた枝を薪にするリサイクルについて学び、カレーパーティーで活用しました。

カレーパーティーは、「住み続けられるまちづくり」につながる取り組みの一つにもなっており、使う野菜の栽培から収穫まで、小松島西高等学校勝浦校をはじめとした地域の方の協力のもとにおこなっています。

せん定したみかんの枝を、保護者が持ってきてくれました。5歳児が力を合わせて運びます。

カレーパーティーの前日には、5歳児がグループに分かれて、地域の商店へ買い出しへ。地域の方もこの機会を楽しみにしています。

園の畑で高校生と3～5歳児が一緒に、カレーに使うじゃがいもや玉ねぎを収穫します。

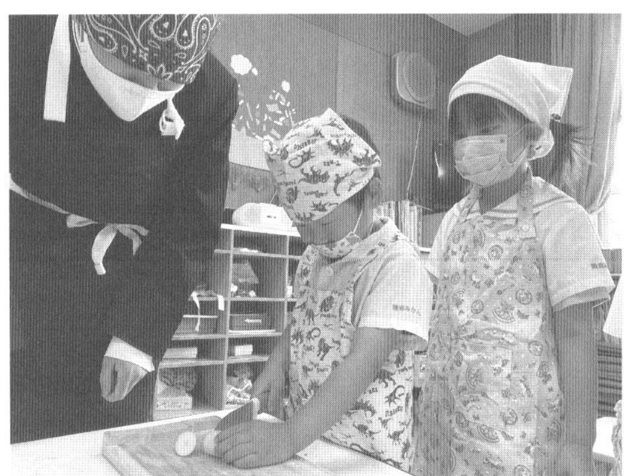

カレーパーティー当日。5歳児は、高校生に手伝ってもらいながら、野菜の皮むきとカットに挑戦しました。

3歳児は、玉ねぎの皮むきを担当。
それぞれの年齢でできることをおこないます。

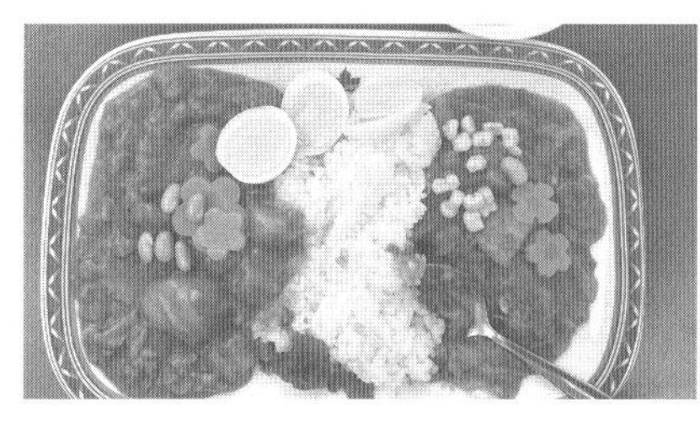

この日は、牛肉のフルーツカレーと、豚肉の夏野菜カレーの２種類を作り、食べ比べをしました。トッピングは自分で選びます。

にんじんの皮やりんごの芯は、ヤギのメイちゃんのごはんに。できるだけゴミは出さずに活用するのもSDGsの取り組みの一つ。

食育ポイント SDGs

SDGsを意識した食育活動の例

- SDGsについてのパネルシアターを見て学ぶ
- せん定したみかんの枝を薪にすることで燃料について知る
- 地域の魚（アユ）にふれて、さばいて命をいただくまでを経験する
- 近所のゴミステーションの見学に行く

高校生の指導で さついまいもの植えつけ

毎年６月には、小松島西高等学校勝浦校の教諭と高校生たちに教わりながら、４・５歳児がさつまいも苗の植えつけをおこなっています。

「秋には一緒に焼きいもパーティーをしようね」と高校生たちと約束。水やりやお世話にも力が入ります。

高校生がやさしく教えてくれるので、楽しくて植えつけの作業もはかどります。

「みんなスジがいいなぁ」と高校教諭にほめられて、あっという間に植えつけの作業が終わりました。

北海道芽室町

定員150名

学校法人帯広みどり学園
北明やまざと幼稚園

農業経験を通して地元愛をはぐくむ

園に隣接した畑・牧場を広げ、食と農に関心を高める

農畜産物で全国的に有名な、十勝平野に位置する北明やまざと幼稚園。園の敷地は広大で、森や草原が広がり、川が流れ、ポニーやヤギなどの牧場もあります。それまでの栽培活動にもの足りなさを感じていた園長の村椿武彦先生は、芽室(めむろ)町長の「農業を教育にも取り入れたい」という話をきっかけに、周囲の環境と園の畑・牧場を結びつけ、食と農の関心を高める「食農プロジェクト」を2019年にスタートしました。

「地元の基幹産業を知る」ほか、「農業に興味をもつ」「作物ができるまでの過程を知る」「収穫の喜びを味わう」をねらいとし、毎年畑の面積も広げています。

農家ではない家庭の子どもたちも地域の産業に親しみをもてるよう、地元の特産物を育てるほか、活動の折々に、地元の農業や作物について話をしています。「子どもたちには、理解がむずかしい話もしています。しかし、少しでも子どもの心の底に残り、成長して地元を離れたとき、地元っていいなあという思いにつながってほしいと思っています」(村椿園長)。

新たな特産品メムロピーナッツの栽培にチャレンジ

2023年度は、年長・年中組が、芽室町の若手農家がブランド化した落花生「メムロピーナッツ（通称：メムピー）」の栽培にチャレンジしました。地域の若手農家が集まった「メムピーメンバー」の協力を得て取り組んでいます。

種植えは５月下旬。青空の元、子どもたちは保育者やメムピーメンバーから、落花生についての説明を聞きました。これからの作業に子どもたちはわくわく。

雑草が予想外に生えたので、みんなで草取りをしました。土の中から虫が出てくるのも、子どもたちにとっては楽しい経験です。

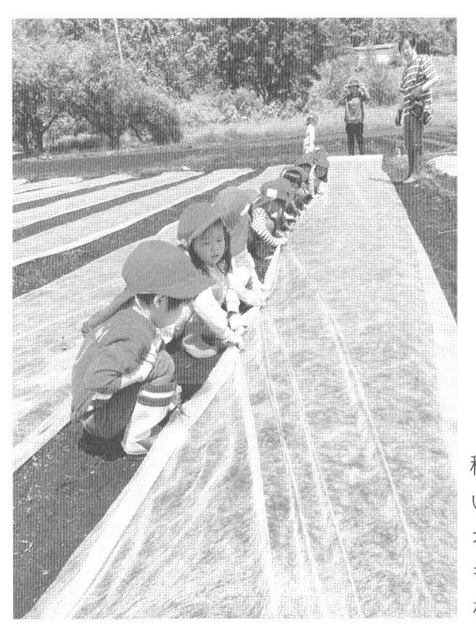

種植えのあと、白い不織布（パオパオ）をかぶせるのも、みんなでおこないます。

食育ポイント
地域交流

落花生の生長は年間を通して見届ける

６月後半から７月にかけて、落花生の花がどんどん咲いては枯れていきます。

どんな花が咲くか、いつ実ができるかなど、メムピーメンバーの説明を聞きながら落花生の生長を年間を通して見届けることで、地域の特産品への理解を深めます。

学校法人帯広みどり学園
北明やまざと幼稚園

園児全員が取り組む 地元4品種のじゃがいも栽培

十勝地方の特産の一つじゃがいも。生長の様子がわかりやすいこともあり、食農プロジェクトの１年目から、年少組から年長組まで全員で取り組んでいます。

2023年度は、「男爵」のほか、「とうや」「レッドムーン」「インカのめざめ」の４品種を植えました。

「種いもは芽が出ているものを選ぶとよい」と知り、子どもが熱心に種いもを選びます。

年少児

初めて参加する年少児には、一人ひとり、穴を掘る位置がわかるように印をつけたテープを張りました。

年中・年長児

年中・年長児はテープがなくても間隔をあけ、慣れた手つきで穴を掘ることができます。

穴に種芋を置き、やさしく土をかけます。

食育ポイント
エピソード

子どもたちも参加して 園の敷地内に畑を整備

以前は、車で40分ほど離れた場所に借りている畑でじゃがいもを栽培していました。当時、子どもたちが経験していたのは、植えつけと収穫。ふだんの世話は農家の方にお願いしていて、経過を見ることができませんでした。食育としては物足りないと考え、園の敷地内に畑を作り、栽培することにしました。

そのために、雑草だらけの場所を園児も一緒に草を取って畑を整備。じゃがいもの生長を身近に観察できるようになり、子どもたちは、植えつけから収穫までを通して関わることができるようになりました。

クラス単位でも野菜を栽培 土づくりからおこなう

園全体でおこなうじゃがいも栽培のほかに、クラス単位でも野菜を育てます。2023年度は、年少組がトマト、年中組がピーマン、年長組がかぼちゃを育てました。

苗植えの前には、牧場の動物のふんを使った肥料や有機肥料で土づくりも。収穫後には、枯れた葉や資材などのかたづけまでおこないます。

有機肥料を畝（うね）にまき、シャベルで土に混ぜます。

年少組は、中玉とミニトマトの２種類を栽培し、立派に育てました。

経験豊富な年長組は、かぼちゃの苗植えも慣れた手つきです。

大きな葉っぱを手でよけてピーマンを確認します。見つけると、「ピーマンできてる」とうれしそうな声があちこちから聞こえます。

食育ポイント クッキング

すべて地元の食材で ピザ作り

例年、園の手作り石窯で焼いて食べる「やまざとピザ」。園でとれたピーマンやトマトをはじめ、トマトソースや生地の具材もすべての地元の食材を使います。

子どもたちは、自分の生地を伸ばし、ソースを塗りトッピング。地元のものを使った料理を、自分で作って食べるという経験をします。

定員70名

社会福祉法人清遊の家 うらら保育園

地域の子どもにも 食を通じた幸せを

地域の親子も参加できる 食の家庭支援イベントを毎月開催

園の子どもだけでなく、地域の子どもにも食を通じた幸せを感じてもらいたい。そして、未来を担う人たちの幸せの原風景をつくりたい。その思いから、子育て支援事業の一環として、季節や行事にちなんだ活動を毎月おこなう「からこる」、園の食事を食べながら職員や栄養士に子どもの食の悩みを相談できる「もぐもぐの会（離乳食）」「ぱくぱくの会（幼児食）」を主催。地域の親子が参加できるイベントを、開催しています。

「核家族化が進む中、『からこる』や『ぱくぱくの会』は、保護者同士がつながるきっかけにもなっています。実はそれが、いちばん大事な子育て支援なのではないかと思います」と、園長の齊藤真弓先生。

「もぐもぐの会」や「ぱくぱくの会」では、食事の提供もおこなっており、園での食事同様、旬の野菜を８種類ほど取り入れた献立です。

「食事は幸せの原点。誰とどのように食を囲むかが大切で、幸せな食卓の記憶は将来、子どもが人生につまずいたときの支えになると信じています」（齊藤園長）。

地域の親子も、園で季節や行事の食を体験

月に１回開催される、季節・行事のイベントをおこなう「からこる」で人気なのは、「やきいもの会」です。炎があがる焚き火はできないので、炭を入れて火をおこしたつぼにさつまいもを入れて焼きます。

「楽しいね」「あったかいね」「おいしいね」と、喜びを共有しながら過ごす時間こそ、園が地域の親子に提供したい食育そのものです。

炭をフーフーと吹いて火をおこす作業は、園の子どもがお手伝い。

アルミホイルでくるんださつまいもをつぼに入れる子ども。保護者も保育者もなるべく手を出さずに見守り、子どもが参加できるようにしています。

食育ポイント
保護者支援

「からこる」
令和5年度の開催内容（一例）

6月　クッキングの会
（おにぎり作り）

7月　ぐちゃぐちゃ遊びの会
（片栗粉の感触遊び）

9月　お月見の会
（お団子作り）

11月　やきいもの会

2月　豆まきの会

地域の保護者の離乳食の悩みに向き合う

離乳食の相談会「もぐもぐの会」は月１回の開催。園の保育者のほか栄養士も同席し、子どもの月齢に合わせて離乳食を提供しながら、保護者の悩みに向き合います。

「離乳食の作り方がわからない」「本やネットを参考に作ってみたけれど、かたさが心配」など、いろいろな悩みを抱えた保護者が参加します。

ていねいな対応で園への信頼感が高まり、その後の入園希望につながっています。

離乳食をどう作っていいかわからない保護者には、栄養士が目の前で作ってみせます。

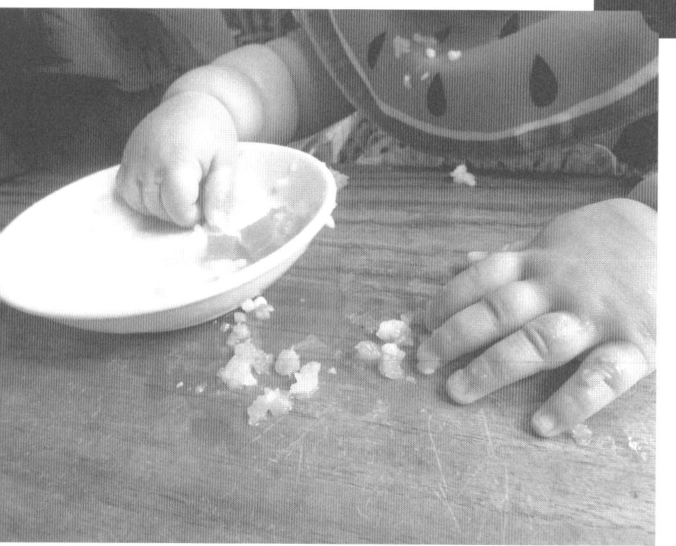

子どもの発達に合わせた離乳食を提供。「手づかみで食べても大丈夫」「遊び食べも大切です」と伝えると、保護者の気持ちが楽になります。

食育ポイント 保護者支援

子育てひろば情報誌「からころ便り」

うらら保育園が地域に配布している情報誌。「からころ」などイベントの開催情報もここで告知します。

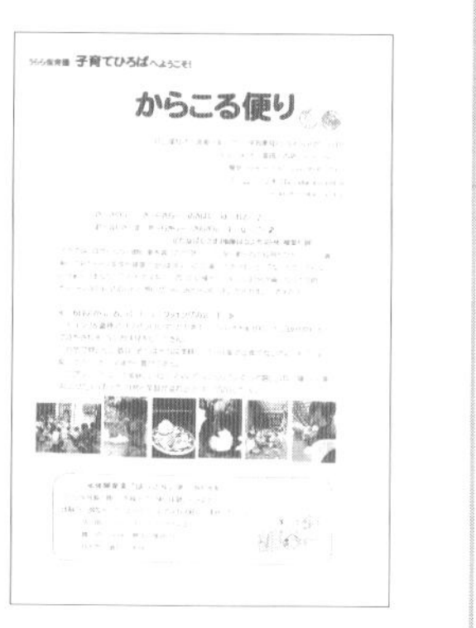

からころ便り

保護者同士をつなぐ食事見学・参加会

月１回の開催で、最大５組までの地域の親子が参加します。園庭や室内でたっぷり遊んでから、園のその日の食事を味わいます。幼児食の味を保護者に理解してもらう以外に、地域の保護者同士をつなぐことも大事なねらいの一つです。

その日の園の食事と同じものを提供し、地域の親子が一緒に食事をします。

保育者は保護者の輪にまじり、会話がはずむように支えます。

食育ポイント 保護者支援

保護者同士が悩みを打ち明け合う機会に

保護者同士で「偏食がひどくて」「食事中の立ち歩きが多くて」などと悩みを打ち明け合うことで、「悩んでいるのはうちだけじゃないんだ」と気づくとともに、子育て期をともにする仲間が「そうそう」「わかる、わかる」と言い合うことでホッとします。それは、育児書やネット情報では得られない貴重な体験です。

うらら保育園の未満児クラスの食事風景。「ぱくぱくの会」に参加した保護者は、園の子どもたちの食事の様子を見て、「手づかみでも、こぼしてもいいんだ」と安心します。

参加者はうらら保育園の３～５歳児の食事風景も見学します。園の子どもの食事をする姿を見て、我が子の育ちに見通しをつけることもできます。

島根県吉賀町

定員40名

社会福祉法人
かきのき保育所

「有機の里」ならではの地域と密着した食育活動

とうもろこしでポップコーンを作り、地域の方にプレゼント

自然豊かな地にある、かきのき保育所。近所の田んぼで園の子どもたちを遊ばせてくれるなど、町ぐるみで子どもの成長を見守る温かさがある土地柄です。

「ここは『有機の里』と呼ばれるほど有機農業が盛んな地。地域で農業を営むプロフェッショナルの力を借りながら、園でも豊かな土作りに取り組んでいます」と、園長の植村千絵先生。

4月、近所の農家のNさんが「園の子どもたちに見せてあげて」と、とうもろこしを2本持ってきてくれました。

それは、園で読み聞かせをした絵本に出てきた、ポップコーンに使われる「爆裂種（ばくれつ）」という種類のとうもろこし。子どもたちは「本当にポップコーンができるのかな？」と目を輝かせました。

そこでさっそく試してみることになり、みんなで実をはずすところからおこないました。

Nさんの届けてくれたとうもろこしがきっかけで始まったポップコーン作りは、その後1年に渡る食育活動に発展しました。

子どもたちが ポップコーン作りに挑戦

まずは、爆裂種のとうもろこしの実をはずします。やってみるとなかなか大変な作業で、40分ほどかけて全部の実をはずしました。

やっとはずしたとうもろこしの実をフライパンに入れ、火にかけました。

Nさんにもらったとうもろこしは「爆裂種」。いつも食べているとうもろこしとは、見た目が少し違います。

とうもろこしの実を一つ一つはずします。根気のいる作業ですが、真剣に取り組みました。

耳を澄ますと、「ポンポン！　ポポン！」と、とうもろこしの実がはじける音が聞こえてきました。

とうもろこしの実がはじけ、おいしそうなポップコーンができました。さっそくみんなでいただきます。

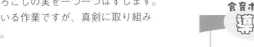

活動のきっかけは 絵本の読み聞かせ

とうもろこしがテーマの科学絵本を読み聞かせしてもらい、とうもろこしにはいつも食べているとうもろこしと、乾燥させて煎るとはじけるタイプのとうもろこしがあると知った子どもたち。その知識が今回の活動につながりました。

社会福祉法人
かきのき保育所

種をまいて収穫まで!
とうもろこしの栽培に挑戦

Nさんから「とうもろこしの実はそのまま種になる」と聞いた子どもたち。「種をまいて、育てて、たくさんできたら、たくさんポップコーンが食べられる」と気づき、5歳児を中心にさっそく栽培に挑戦してみます。

小さな容器に種をまき、苗を作ります。「本当に芽が出るかな？」と毎日のように見守っていた子どもたちは、芽が出たのを見て大喜びで報告し合っていました。

少し大きくなったら畑に植え替えます。根がちぎれないようにやさしくていねいに扱います。

葉っぱが枯れるまで待ち、いよいよ収穫！

食育ポイント
エピソード

期待がふくらむ
とうもろこし干し

とうもろこしを干すのも子どもたちがおこないました。ポップコーンができる実にするためには、1か月近くかかり、長い間待つ必要がありますが、子どもたちは、とうもろこしの様子を見ては、「もうすぐポップコーンができる実になる？」「もう乾いた？」と楽しみにして、保育者に聞く姿がありました。

年長組のお別れ会に、ポップコーンパーティを開催

卒園が近づいてきたので、年長組のお別れ会を開くことにしました。年中組が中心となり何をするかを話し合ったところ、絶対にやりたいことの一つに「ポップコーンパーティ」があがりました。

「一緒に過ごしてきた年長組さんに、最後においしいポップコーンを食べさせてあげたい」という気持ちから、小さい組も交えて盛大なポップコーンパーティを開くことになりました。

これまで年長組と一緒にやっていたとうもろこしの実をはずす作業を、今回は年中組だけでおこないます。細かな指先の動きや力も必要で大変でしたが、「親指の横を使うといいよ」などと、コツを伝え合いながら取り組みました。

みんなで協力して、ようやくとうもろこしが「はだかんぼ」になりました。

この日の主役は年長組の子どもたち。
いつもは自分たちで作っていたポップコーンを振るまわれて、大満足！

食育ポイント
地域交流

地域のつながりですてきな体験

コロナ禍では、思うような食育活動をすることができず、保育者も葛藤する日々でした。そんな中、Nさんからいただいたとうもろこしのおかげで、絵本で見たことと実体験とが重なるすてきな体験をすることができました。

絵本からイメージをしていたことが目の前にあり、実が弾けてポップコーンに変わる瞬間を見たり、香ばしいにおいを感じたりふれて味わったことは、子どもたちにとって、とてもワクワクする経験になりました。

Column 4

家庭・地域との連携を考える

子どもの豊かな食経験のためには、家庭や地域社会との連携が大切です。
連携で園が目指す姿と、実践内容を紹介します。

家庭との連携

園が目指す姿

●子どもの生活や食事の状況を共有する。
●家庭の食への関心を高める。
●食に関する相談など、保護者への支援をおこなう。

実践例

●連絡帳で、家庭での食事の把握と、園での食事の様子を報告
●「食事だより」などによる園の食事に関する情報提供
●園の食事の実物の展示
●保護者参観での試食会や親子クッキング
●子どもの食に関する相談・講座

地域との連携

園が目指す姿

●食に関わる産業や、地域の人々との会食、行事食・郷土食などとのふれ合いを通して、地域の人々との交流を深める。
●保健所や保健センターなどと連携し、離乳食をはじめとする食に関する相談・講習会など、未就園の地域の子育て家庭への支援をおこなう。

実践例

●地域での農業や食品の製造業従事者によるお話・実演
●地域の人々との行事食・郷土食などでのふれ合い
●地域の子育て家庭への支援を目的とした離乳食などの食に関する相談・講座

参考：「楽しく食べる子どもに～保育所における食育に関する指針～」（厚生労働省）

第5章

園内の連携

保育室と調理室の連携によっておこなった食育活動など
園内での取り組みを紹介します。

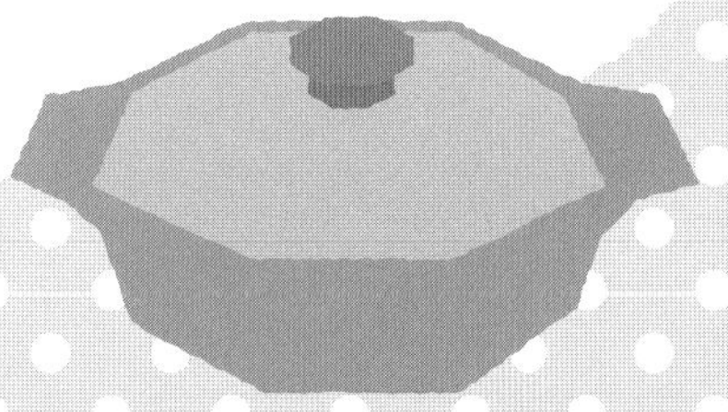

兵庫県尼崎市

定員630名

学校法人あけぼの学院
認定こども園
武庫愛の園幼稚園

保育室と調理室の連携が子どもの食をはぐくむ

コロナ禍で職員同士の心の距離が縮まった

武庫愛の園幼稚園の食育は「からだとこころとあたまによいものを自分で選んで、自分で食べる力を育てる」ことが目標です。

「日々の保育の中でその力を育てるためには、子どもの生活に寄り添う保育者と、食の専門家である調理室の職員との連携は必要不可欠。どうしたらよいか考えていました」と、園長の濱名清美先生。

そんな折、新型コロナウイルス感染症が大流行し、政府の要請で休園を余儀なくされる中、一時的に調理室の職員の仕事がまったくなくなることになりました。そこで、調理室の職員は料理本やネットなどの情報を持ち寄り、新メニューを検討。工程や食材数・食材費、子どもが食べやすい味や形状かといった観点で園の食事に取り入れられるか、何十種類ものメニューをピックアップしました。それらをすべて実際に作り、保育者も参加して試食を実施。ワイワイと様々な意見を交わし合う中で、調理室の職員と保育者の心の距離がグッと縮まる感覚があり、それ以来、様々な活動の連携はよりスムーズになりました。

保育と食のプロ、双方の視点で企画を練る

コロナ禍でのメニュー開発を機に保育者と調理室職員の関係が近くなると、一歩踏み込んだ関わりができるようになりました。食育活動の企画の話し合いの場でも、活発なやりとりが交わされるようになりました。

「子どもたちが喜ぶクッキングのアイデアを教えてください」「もちつきはどのような手順がいいですか」などと保育者から頼りにされると、調理室の職員は積極的にアドバイスします。複数の視点が入ることで、よりよい企画が生まれていきます。

イベントを企画するごとに、保育者と調理室の職員が一緒に話し合う機会をもちます。

ホールでおこなった「うどん踏み」。調理室の職員が「簡単な工程で楽しめる」と提案して実現しました。

食育ポイント 食事

コロナ禍の休園期間中に開発した新メニュー

休園要請中に開発した新メニューでは、保育者も試食。「この味は子どもが好きそう」「これなら野菜嫌いな子どもでも食べられそう」など、子どもの視点からの意見があがり、調理室の職員はそれを参考に新メニューを練っていきました。

新メニュー例

- もっちりポテトドーナツ
- ノリ塩じゃがバター
- パンケーキ
- にんじんしりしり
- 鶏肉のカレームニエル
- 鶏肉の香草焼き
- 魚のハーブ焼き
- チキンピカタ
- 切り干し大根のサラダ
- 高野豆腐のごまあん
- ベーコンとじゃがいもの洋風煮

第5章 園内の連携

学校法人あけぼの学院
認定こども園
武庫愛の園幼稚園

調理室の様子を撮影し、動画で調理室を探検！

子どもに調理室をより身近に感じてもらうため、調理の工程を撮影して子どもたちに見てもらうことにしました。

食事を作っているいつもの風景を撮影し、調理室探検会を開いたところ、熱心に見入る子どもの姿がありました。

最初の動画は、子どもたちの大好きなカレーをとりあげ、5歳児が鑑賞しました。

動画を見せたあとで、調理室の職員を呼び質問タイム。子どもたちから、たくさんの手があがりました。

園のみんなが力を合わせてかぼちゃのランタン作り

ハロウィンのイベントとして、調理室の職員と保育者が一緒にかぼちゃのランタン作りを企画しました。北海道からランタン用の大きなかぼちゃを取り寄せ、子どもたちとともにくり抜いて仕上げます。

かぼちゃに切り込みを入れ、そこからスプーンで中身をかき出す作業は大変でしたが、みんなでおこない楽しい取り組みとなりました。

3～5歳児が順番にスプーンで中身をかき出します。保育者と調理員の職員が協力して、子どものフォローに入ります。

作品は持ち帰れないので、できあがったランタンをまん中に、順番に記念撮影をしました。

調理室の提案でおこなう下ごしらえ

新型コロナウイルス感染症が５類に移行してから、子どもたちによる調理の下ごしらえのお手伝いが再開しました。ゆでたふきの筋とりやさやからえんどう豆の豆をはずす、とうもろこしや玉ねぎの皮むき……。調理室の職員が提案した作業を、保育者と５歳児の子どもが保育室に持ち帰っておこないます。下ごしらえを経験することで、少しでも食べやすくおいしくなるよう調理するという食事への愛情の込め方を学んでいます。

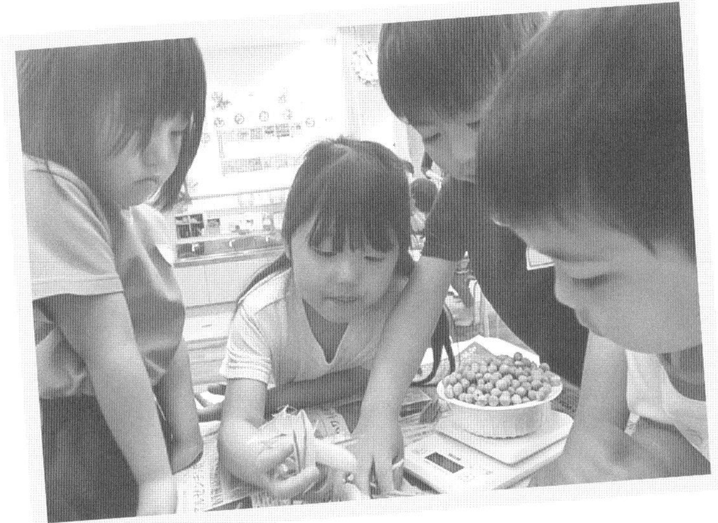

おいしい豆ごはんをイメージしながら、さやからえんどう豆をはずします。

玉ねぎをたくさん使う前日、調理室の職員が５歳児クラスの子どもを呼び、皮むきの手伝いを頼みました。「まかせておいて」と、子どもたちからは頼もしい返事がありました。

取り出した豆をこぼさないように慎重に運び、調理室に無事届けると、子どもたちからは安心と達成感の笑顔がこぼれます。

園庭にブルーシートを敷き、玉ねぎの皮むきに取り組みました。翌日、何の料理に玉ねぎが登場するのか、期待でいっぱいです。

食育ポイント SDGs

玉ねぎの皮は玉ねぎ染めに

保育者が玉ねぎの皮で染色ができることを知り、子どもたちに体験させたいと、のれん染めをしました。

玉ねぎをたくさん使う献立のタイミングで、活動の日程を決定。調理室と保育室の連携があって実現しました。

千葉県市川市

定員120名

食育計画表 p.101

社会福祉法人ユーカリ福祉会
市川保育園

アレルギーフリーの食事で笑顔と食の安心を実現

みんな同じメニューで食の楽しみが広がる

市川保育園では、三大アレルゲンの「鶏卵・乳・小麦」を使用しないアレルギーフリーの食事を2013年の8月から実践しています。

「アレルギー対応が必要な子が年々増えてくるなか、みんなが同じものを食べられるのはいいなと思って始めました」と、園長の齋藤武先生。

アレルギーフリーの食事への移行はスムーズでしたが、献立を考える上では苦労もありました。「栄養達成率が100%を下まわらないよう、不足しやすい動物性タンパク質やカルシウムを補うためにいろいろな工夫が必要でした」と、栄養士の中清子先生。一方、アレルギーフリーの食事を取り入れたことで、もっとも対象者の多いアレルギー食材の確認が不要になったため、そのほかのアレルギー食材を確認しやすくなるなどの利点も生まれました。

「食物アレルギー対応が減ったことで、職員間のピリピリとした雰囲気やプレッシャーが大幅に減りました。園全体で食事の時間にゆとりができて、子どもたちも食べることの楽しみが、ぐっと広がったようです」（中先生）。

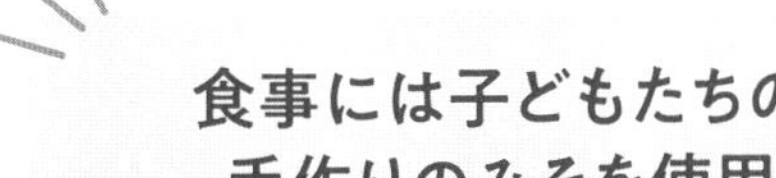

食事には子どもたちの手作りのみそを使用

「鶏卵・乳・小麦」を抜いたメニューにしたことで、園の献立は和食中心になりました。使うみそは、3～5歳児が参加して、毎年園で手作りします。味の決め手となるみそを作ることは「自分たちの園の味作り」となっています。

冬に仕込んで、食べられるのは秋ごろ。食べものができるまでに長い日数とたくさんの手間がかかることを、子どもたちは実体験を通して学んでいます。

まずは、やわらかくゆでた大豆をマッシャーを使ってつぶします。力と根気のいる作業であることを知ります。

「おいしくなーれ」のおまじないをかけながら、つぶした大豆に塩麹をよく混ぜ込んでいきます。

みそ玉を作って、空気を抜くように「えいっ」。子どもたちは楽しみながら投げ込みます。

食育ポイント

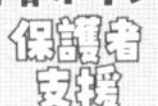

保護者支援

園の人気の献立を集めたレシピ集を作成

入園前の施設見学で来園した保護者から、「食物アレルギーがあるから集団保育が不安で、アレルギーフリーの食事を実施しているこちらに見学に来ました」という声を多く聞くようになりました。そこで、安心して入園してもらい、ご家庭でも活用してもらえるよう、園で考案したアレルギーフリーのメニューを紹介した冊子『みんないっしょでおいしいね』を4年前に作成。見学に来られた保護者などを中心に配布しています。

第5章 園内の連携

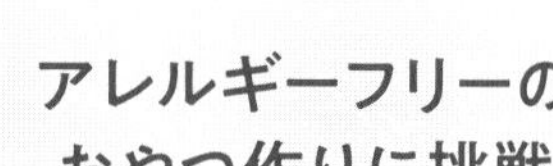

アレルギーフリーの おやつ作りに挑戦

日本で古くから食べられているものを考えると、アレルギーフリーのヒントがたくさんありました。せんべいもその一つ。

3～5歳児が参加して、自分たちでせんべいを焼きました。

焼くのは4・5歳児。平らに伸ばしたせんべい生地を七輪の網の上にのせて、軍手をはめた手でときどき裏返しながら、焼きあがりを待ちます。

熱いうちに少ししょう油をつけてできあがり。香ばしいにおいが、鼻腔（びこう）をくすぐります。

あつあつのうちに「いただきます」。焼きたてのおせんべいの味は格別！

こどもの日のちまきは毎年子どもたちの手作り

毎年５月には、３～５歳児がみんなで食べるちまき作りに挑戦します。

ちまきを包んでいる葉っぱもひもも、自然に返る環境にやさしい素材。そんな話も交えながら、みんなで楽しくちまきを作ります。包むのは慣れていないと少しむずかしいけれど、じょうずにできるとうれしさもひとしおです。

葉っぱで三角錐（さんかくすい）を作って、そこにもち米を入れます。みんな手元を見ながら、真剣な表情で作ります。

みんなで協力して全部で130～140個のちまきを作りました。１歳児以上の全園児が３時のおやつにいただきます。

できあがりを待つワクワクした時間もごちそうです。

食育ポイント クッキング

ちまき作りの先生は保育者

ちまき作りのポイントは、いぐさ（ひも）をしっかりしばること。当日は、保育者が子どもたちに手本を示すため、事前に、保育者同士で教え合って練習をしておきます。子どもたちは、作っていくうちにだんだんじょうずになります。

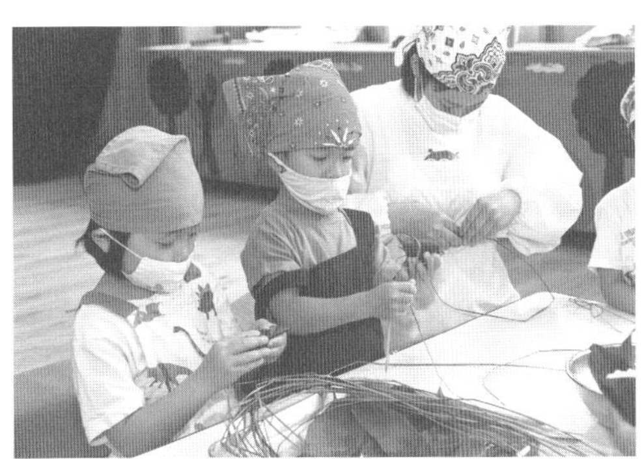

いぐさ（ひも）をしっかりしばるのが大事なポイント。子どもたちは、少しずつコツをつかんでいきます。

兵庫県尼崎市

定員360名

食育計画表 p.104-105

学校法人七松学園 認定こども園 七松幼稚園

ICTの活用で、距離や人数に縛られない食育

職員同士でアイデアを出し合い、ICTの可能性に目覚めた

認定こども園七松幼稚園が食育で意識しているのは、直接体験で得られる視覚・聴覚・触覚・嗅覚・味覚への刺激です。たとえば、クッキング活動でも、子どもたちがただ参加するだけでなく、調理をしている鍋の中をのぞき込み、ぐつぐつ煮立っている様子を目で見て、音を聞いて、熱気やにおいを感じることを大切にしてきました。

ところがコロナ禍において、消毒の徹底・三密の回避・飛沫感染予防が求められ、これまでのような食育ができなくなりました。どうすれば、子どもの育ちにふさわしい活動ができるか。職員同士でたくさん話し合い、ICTを使った食育を思いつきました。どんな機器をどのように使えば感染予防になり、かつ効果的な食育ができるか職員同士でしっかり話し合うと、画期的なアイデアがたくさん出ました。まずチャレンジしたのが、年中組のカレーライス作りでのICT機器の使用です。

この活動から、同園の職員たちは、ICT機器を使用することで、コロナ禍でもクッキング活動ができること、子どもたちの体験の幅を広げることができることに気づきました。

カメラで鍋の中を撮影し、調理の工程を見える化

「カレーライスを作りたい！」という子どもの声から、年中組で調理を実施することになりました。野菜を洗ったり、野菜を切る道具で野菜をカットしたりなどの作業は、マスクを着用して子どもたちがおこないました。鍋で煮込む場面では、パソコンについているカメラで鍋の中を撮影し、液晶テレビに映し出すことにしました。子どもたちが多人数で鍋の中をのぞき込むことによる感染リスクを減らすためです。「密」は避けながらも、音やにおいなどは充分に感じつつ、カレーライス作りを楽しむことができました。

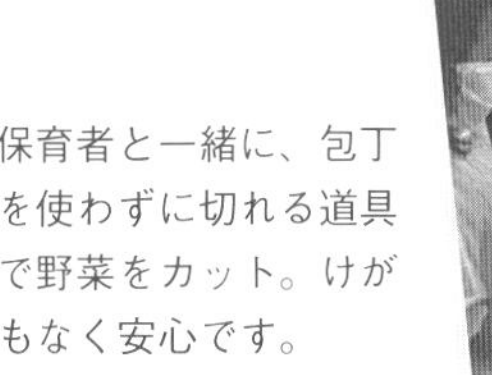

保育者と一緒に、包丁を使わずに切れる道具で野菜をカット。けがもなく安心です。

鍋や炊飯器の中身を撮影し、リアルタイムで子どもたちに見せます。調理をおこなう様子の映像を、子どもたちは食い入るように見つめます。

食育ポイント
コロナ禍の対応

ビデオ会議システムで配信したエプロン遊びがカレーライス作りのきっかけに

緊急事態宣言で子どもが登園できなかったとき、各家庭に動画を配信したり、ビデオ会議システムで保育者と子どものやりとりをしたりして、切れ目のない教育を継続していました。

特に子どもたちが楽しんだのが、オンラインで保育者が演じた「カレーライス」がテーマのエプロン遊び。登園が再開してから、子どもたちの中から「園の畑で収穫した玉ねぎでカレーライスを作りたい」という声があがったのは、エプロン遊びの楽しい印象が強く残っていたからでしょう。

食材の買い出しにも ICT機器が大活躍

年長組では毎年、食材の買い出しをしてカレーライス作りをおこないます。これまではクラス全員でスーパーマーケットに出かけていましたが、コロナ禍ということもあり大人数での行動を避け、役割分担をして少人数で行くことに。その際、保育室に残る子どももスーパーに行っている子どもと同じ気持ちで体験できるよう、ビデオ会議システムを使いました。

スーパーに撮影・上映・配信の許可を得る事前の連絡調整など、担任だけでなく園長やほかの職員とで作業を分担。職員が連携し、ICTの活用ができました。

６名の子どもが担任とともにスーパーへ。「このお肉は○○円です」と、ビデオ会議システムでクラスで待つ子どもたちに報告しながら買い物を進めます。

金額をチェックしていた子どもが、予算を超えそうなことに気づいて「お金が足りていないから何か買うものを減らして」と画面越しに伝えます。離れた場所でもICTを活用し、協力し合う姿がありました。

保育室チームは映像で食材を確認し、買い物チームとやりとりしながら、報告された価格をホワイトボードに記載します。

調理室でのカレー作りを
ビデオ会議システムで配信

園の食事を身近に感じてもらいたいという思いから、子どもたちが調理室をのぞく機会をつくったり、保護者には試食会を実施したりしてきました。

コロナ禍でそれがなかなか叶わなくなってきた中、ビデオ会議システムを利用して調理の様子を実況することを思いつきました。初めての試みでしたが、調理の手を止めない方法を調理室のスタッフと対話してすり合わせ、無事に開催することができました。

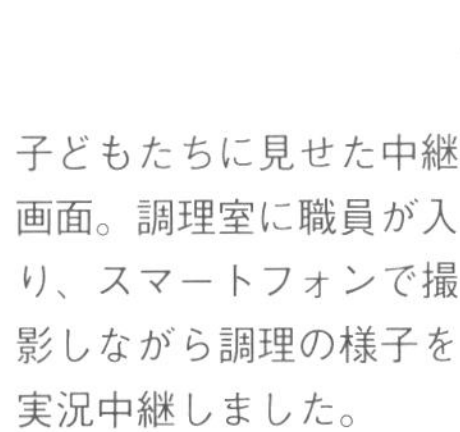

子どもたちに見せた中継画面。調理室に職員が入り、スマートフォンで撮影しながら調理の様子を実況中継しました。

食育ポイント コロナ禍の活動

コロナ禍で気づいた
ICTの可能性

ICTは、時間や空間的な制約を取り払うことができます。たとえば、夜間に変化のある植物や生き物の様子を記録して、保育時間中にあらためて見てみることができます。日本の遠方の農作物、調理法を見ることもできますし、海外とつながることも可能です。

近年は、認定こども園七松幼稚園にも多様な国籍の子どもが在園するようになり、食育の考え方も多様性が求められています。その点でもICTの活用は意味があると認識し、その可能性を探っています。

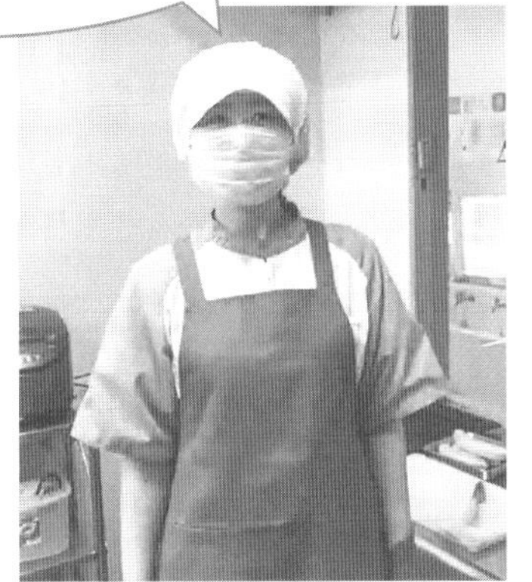

髪が落ちないように
帽子をかぶっているんだよ

子どもたちからの疑問に調理師が答えます。

調理室で、どうして帽子をかぶるんですか？

調理室の様子はオンタイムで映し、子どもたちが視聴できるようにしました。

付録

食育計画表

ここでは、本書で実践を紹介した
一部の園の食育計画表を紹介します。

※園の方針などを考慮し、各園から提出された
資料の表記のままで掲載しています。

年間食育計画

	Ⅰ　　期	Ⅱ　　期	Ⅲ　　期
子どもの姿	・入園したての子どもたちは自分で調理や栽培をした経験等は少なく、調理や栽培そのものに興味を持って楽しむ。 ・在園の子どもたちは、昨年度の体験をもとに自分たちも意図をもって、食の体験に関わろうとする。 ・4，5歳児はバイキング形式の給食を楽しみながら、自分の食べる量の調整を行えるようになる。	・2歳児3歳児は4，5歳児の畑での栽培活動等を見聞きすることで、自らもやってみたいと思う姿が見られるようになる。 ・4歳児は畑の収穫物で、収穫感謝お月見会の準備を含めた食体験を自ら計画できるようになってくる。 ・5歳児は畑の収穫物や、自ら収穫したお米等を自分たちでどうやって食べるかを計画だててすすめることが出来るようになる。	・進級を意識し、上の学年の畑作業や、調理体験等の様子に興味を持ち、自らもやってみたいという気持ちが持てるようになる。 ・4歳児は冬季の食の保存等、日本の食文化に興味を持って、すすめることが出来るようになる。 ・5歳児は今までの食体験の集大成として、プロジェクトのまとめの発表を自らの力で立案できるようになる。
ねらい	・子どもたちが食の体験に興味を持ち、自らが調理や栽培を楽しめるようになる。 ・栽培→収穫→調理→食べるといった体験を昨年度の体験をもとにイメージしながら関われるようになる。	・子どもたちが食の体験に主体的に関わり、自らが計画立案に参加する面白さを味わえるようになる。 ・食が自らの体を作っていくことを栄養素や、食品の成分についても理解し、主体的に食べる力を養う。	・食が自らの体を作っていくことを栄養素や、食品の成分についても理解し、主体的に食べる力を養う。 ・子どもたちが食の体験に主体的に関わり、自らが計画立案に参加する面白さを味わい、仲間と協同して、食体験を作り上げる面白さを味わえるようになる。
食に関する体験	各学年に応じた、畑での栽培活動の計画の立案及び栽培。季節に合わせた食体験活動（よもぎだんご、お花見、シロップ作り等） 田植えの体験及び、米を食べることに関しての様々なアプローチ・年長児はお泊り会での夕飯を自ら立案する。	・各学年に応じた食の活動の計画の実行。季節の食材の活用及び、栄養に関する理解を深める。 ・鮭の解体等を通じて、食を通した命の大切さに気づく。また、栄養士からの、栄養に関する指導助言をうける。作物の収穫を通じた、収穫への感謝の気持ちを持つ。	・各学年に応じた食の体験の集大成を行う。 ・給食を通じ、自らの体を作る栄養について、具体的に考える場を設け、子どもたちが給食についてさらに学びを深めるようになる。
内容	・よもぎだんご ・シロップ作り→かき氷 ・たけのこ料理 ・野菜の種まき ・畑仕事 ・にわとりの卵を使った調理 ・木の実の収穫（ジューンベリー・スグリぶどう等） ・ミントティ ・季節のジャム作り	・お月見会 ・稲刈り ・どんぐりクッキー作り ・冬野菜の苗植え ・脱穀作業 ・羽釜のご飯たき ・さんまの１本焼き ・鮭の解体 ・秋の木の実の収穫	・冬野菜の収穫及び保存 ・節分の行事仕事 ・黄粉作り ・焼きリンゴ作り ・餅つき ・干し柿作り ・干し餅作り ・干し飯作り ・味噌の仕込み ・柿ねり作り
評価と反省			

令和4年度 食育プログラム年間計画

健やかな心と身体作り

○食育プログラムのねらい○

- 野菜や果物を通して、観察しながら成長に関心をもつ
- 成長する為に食べることを知り、自分の健康に関心をもつ
- 日本の伝統文化に触れ、食事の言われを知り、行事食に興味関心をもつ
- 収穫を喜び合い、収穫物の料理への活動を知る

		春（4月、5月、6月）	夏（7月、8月、9月）	秋（10月、11月、12月）	冬（1月、2月、3月）
野菜や果物に触れる	0.1歳児		梨狩り	お餅つき（11月）	
	2歳児	夏野菜苗植え（6月）	夏野菜収穫（7・8月）	お芋ほり（10月）	じゃがいも種植え（3月）
	3歳児	いちご狩り（5月）・じゃがいもほり（6月）		大根ほり（11月）	
	4歳児				
	5歳児			柿狩り（11月）	
保存食作り	4歳児	梅シロップ作り（6月）		醤油見学（12月）	醤油作り（1月） 味噌作り（2月）
	5歳児	梅干作り（6月）		お味噌開き（11月）	醤油（2月）
米作り	5歳児	田植え（6月）		稲刈り（10月） 脱穀（11月）	
魚さばき体験	5歳児			アジ	イワシ
青空ランチ	5歳児	カレーライス（5月） 園庭	カレーライス（7月・9月）	お味噌汁作り（11月）	七草粥（1月）・ お楽しみ献立（3月）
日本文化に触れる	全園児	お花見（4月）端午（5月）	七夕（7月）お盆（8月） 月見（9月）	七五三（11月） 新嘗祭（11月）	お正月（1月）節分（2月） 雛祭り（3月）

花吉野えんめい保育園　食育プログラムカリキュラム

テーマ	野菜や果物に触れる	米　作　り	魚さばき体験	保存食作り	青空ランチ
ねらい	興味・関心をもつ	田植え・稲刈り脱穀を体験し、米作りを学ぶ	命は受け継がれていくことを、食を通して命の大切さを知る	大豆や梅を使い長期間保存しておくことで食品ができる体験をする	色々な食材に触れ、献立や調理の仕方を知る
	【苗植え・育成・観察・収穫】 ・野菜に触れること、育てることで、色々な野菜に興味・関心を持つ。 ・野菜の特徴（色・香り・花の開花・実など）を知ることで興味を持ち、食べてみたいという気持ちを持つ。 ・自然や季節を感じる。 ・野菜成長をみることによって不思議に思ったり、色々な発見をしたり驚いたりしながら楽しむ。 【お餅つき】 ・日本の伝統行事に対しての興味関心を持つ。 ・臼や杵の感覚、日常では触れることのない道具に接し五感を養う。	【田植え・稲刈り・脱穀】 ・米作りを通して、お米ができるまでの過程に興味、関心を持ち、収穫する喜びを味わう。 ・お米を作る大変さを知り、食べ物に感謝する気持ちを育む。 ・田んぼの泥の感触を感じ、田んぼの生き物にも関心を持つ。 ・地域の方との交流を持ち、田植えの体験を通してお米の生長に期待し、大切に育てようとする気持ちを持つ。 ・友達と協力しながら、自分たちの手で稲刈り脱穀を行う。	【魚さばき】 ・命をいただくことに、感謝の気持ちを持つ。 ・魚を手にとり、魚や内臓を自分の手で触れることで血の匂いや魚の感触を五感を通して感じる。 ・魚がどのようにして、食べられる形になっているかを知る。 ・日頃、魚を調理してくださっている方への感謝の気持ちを持つ。	【梅シロップ・梅干し作り】 ・梅シロップ・梅干し作りを通して作り方を知り、変化していく不思議を味わい、完成を楽しみに待つ。 ・実際梅に手を触れ、香りを感じる。 【味噌・醤油作り】 ・大豆から味噌や醤油になる過程を知り、五感で感じながら味噌・醤油作りを体験する。 ・大豆から色々な食べ物ができることを知る。 ・発酵食品である、味噌・醤油作りをすることで、自分たちの健康な体が作られるということを学ぶ。	【カレー・味噌汁・七草粥作り】 ・仲間と一緒に調理することで、調理の過程を楽しみ、出来上がった料理を仲間と一緒に食べる喜びを感じる。 ・具材の興味を深める。 ・ピーラーや包丁などの調理器具を正しく安全に使用する。 ・調理の回を重ねることで、一度経験したことを振り返り、次回の調理体験への自信へ繋げる。 ・食材の匂いや感触、調理過程での音や匂い、食べた時の味など五感を通した経験を大切にする。 【お楽しみ献立】 ・卒園しても園の食事が思い出に残ることを願う。
内容	4月：いちご狩り（4.5歳児） 6月：夏野菜植え（2～5歳児） じゃがいも掘り（4.5歳児） 7月：夏野菜収穫（2～5歳児） 9月：梨狩り（0～5歳児） 10月：お芋掘り（2～5歳児） 11月：お餅つき（0～5歳児） 大根掘り（3～5歳児） 柿狩り（5歳児） 3月：じゃがいも植え（3.4歳児）	6月：田植え（5歳児） 田植え見学（3.4歳児） 9月：稲刈り（5歳児） 稲刈り見学（3.4歳児） 11月：脱穀（5歳児）	10月：魚さばき体験（5歳児）	5月：醤油見学（5歳児） 6月：梅シロップ作り（4.5歳児） 梅干し作り（5歳児） 11月：味噌開き（5歳児） 12月：醤油見学（4歳児） 1月：醤油作り（4歳児） 2月：味噌作り（4歳児）	5月：カレー作り（5歳児） 7月：Summer 1day Camp カレー作り（5歳児） 9月：カレー作り（5歳児） 11月：味噌汁作り（3～5歳児） 1月：七草粥作り（5歳児） 3月：お楽しみ献立（5歳児）

食育の全体計画

ちいさな保育園マーナ

園長	主任

食育の全体目標	食べることに興味を持ち、食事を楽しみながら健全なからだを育む。				
項目 ／ 年（月）齢	健康づくり（子どもの発達）	食事内容（調理等を含む）	食べ方・マナーを身につける	食事への興味を持つ	家庭や地域との連携
6ヶ月未満児	・よく遊び、よく眠り、よく食べ、1日のリズムを作る。 ・お腹がすき、ミルクや母乳を飲みたいだけ飲む。	・家庭と連携をし、ミルクや冷凍母乳で栄養をとる。 ・必要に応じて離乳食を始める。	・個人差に配慮し、発達や発育状況を把握する。 ・安定した人間関係の中で、ミルクを飲む。	・お腹がすいた、飲みたいと欲求を催促できる環境を作る。 ・授乳してくれる保育教諭等への興味を持つ。	・ミルクの飲み方や発育について、家庭と連携する。
6ヶ月以上1歳未満児	・よく遊び、よく眠り、よく食べ、1日のリズムを作る。 ・お腹がすき、ミルクや離乳食を食べたいだけ食べる。	・家庭と連携をし、離乳食進行表に沿った離乳食作りを行う。 ・個人差、発達に留意する。	・食べさせてもらうことから、自分で食べられる環境作りに配慮する。	・自分で意欲的に食べ、食べることが楽しいと感じる。	・離乳食進行表を通じ、家庭と連携して離乳食を進めていく。
1歳児	・よく遊び、よく眠り、よく食べ、1日のリズムを作る。 ・お腹がすき、ご飯をお腹いっぱい食べる。	・年齢にあった切り方をする。 ・偏食が多い時期なので、声掛けなどで対応していく。	・自分で食べる姿を見守り、必要に応じて援助していく。 ・手づかみ食べなど、自分で食べられる環境を整える。	・友だちと同じ食卓を囲み、一緒に食べる雰囲気を楽しむ。 ・年齢にあった体験を行う。	・離乳食進行表を通じ、家庭と連携して、離乳食の完了を目指す。
2歳児	・食べることが好きになる。 ・外で思いっきり体を動かし、しっかり食べこみ、疾病の予防に努める。	・年齢にあった切り方をする。 ・偏食が多い時期なので、声掛けなどで対応していく。	・食事の前後のあいさつを自然とできるようになる。	・友だちや保育教諭等と同じ食卓を囲み、一緒に食べる楽しさを味わう。 ・年齢にあった食育体験を行う。 ・料理動画を通じて、食事をより身近に感じる。	・おたよりや、献立表を用いて、家庭への働きかけを行う。 ・展示食や玄関への食材の展示などから、園児と保護者の会話が広がるような環境づくりを行う。
特別な配慮を必要とする児（食物アレルギー、体調不良・障害のある子ども等）	〈食物アレルギー〉 ・主治医の食事指示による除去食を基本とし、必要に応じて代替食の提供を行う。 ・半年に1度医療機関でのアレルギー検査を行ってもらい、必要に応じて保護者との面談を行う。 ・専用の名前プレート、個別のトレーを使い、配膳を行う。調理側、教諭等で声を掛け合い、確認を行う。 〈体調不良児〉 ・園児の意向を聞き、水分補給を中心に、食事形態を工夫して食事提供をする。 ・不調や配慮事項がある場合は、必要に応じて保護者の要望や医師の指示に対応する。 〈障害のある子ども〉 ・主治医や専門職の指示を仰ぎ、保護者、担任と面談したうえで、その園児にあった食事計画を立て、園全体で取り組んでいく。				
地産・地消へのとりくみ	・地元にある食材を購入し、使用する際は子どもたちに伝え、自分の住む地域にどのような食材があるのかを知る。 ・スーパーや八百屋、魚屋など近くに見学に行き、実際に見て学ぶ機会を作る。				

令和5年度　市川保育園　食育年間計画

食育目標	①食べることを楽しみ、五感を養う（味覚・嗅覚・視覚・聴覚・触覚）　②「食材の旬」を知り、触れて季節を感じる　③日本文化の継承　④いろいろな「食」の体験を通して食べたいもの、すきなものが増える子ども					
月	4月	5月	6月	7月	8月	9月
食育の日 （食材に触れる）	春を感じる野菜（新ジャガイモ・新玉ねぎ・春キャベツ・たけのこ・そら豆）	春を感じる野菜（スナップえんどう・グリンピース・ジャガイモ）	初夏を感じる（梅・しそ・メロン）	夏野菜に興味を持つ（トウモロコシ・枝豆・きゅうり・さやいんげん・ミニトマト・ピーマン）	夏野菜に興味を持つ（オクラ・ピーマン・そうめん南瓜・茄子・冬瓜・トマト）果物（すいか）	秋の果物を知る（なし）
乳児	（春の）野菜と仲良くなろう 春キャベツちぎり・そら豆さやむき	（春の）野菜と仲良くなろう 春キャベツちぎり・そら豆さやむき	野菜・果物のおなか（夏） （メロンのおなか）	（夏の）お野菜と仲良くなろう → とうもろこしの皮むき・枝豆もぎ等	（すいかのおなか）	梨の食べ比べ （梨のいろいろな切り方）
幼児	たけのこの皮むき・ふき・スナップえんどうのすじとり・味噌天地返し（5歳）	アスパラ・スナップえんどう・グリンピースのさやむき 米当番開始（4，5歳児）	梅ジュース・梅干し作り	夏野菜に触れる 梅紫蘇漬け・梅干し天日干し・瓶詰め	変身とまとさん	野菜に触れる 梨の食べ比べ
食教育	朝ご飯を食べよう	食事マナー・茶碗の持ち方・食器の片付け方・並べ方・食具の使い方 → バケツ稲作り（5歳児）・包丁練習（お泊り保育） →		咀嚼の話	おやつの食べ方 3色群分け（3歳児）・食事マナー	にこにこうんちのひみつ お月見団子作り（4歳児）9/29
郷土食	茨城	鳥取	和歌山	静岡	佐賀	山梨
行事	4/11 進級お祝い膳 4/27 子どもの日	5/11 ちまき作り	6/9 入梅（梅ご飯）	7/7 七夕メニュー 7/14 お泊り保育	お楽しみ金魚ゼリー	敬老週間・9/9重陽の節句 9/29お月見メニュー 9/20～おはぎ
月	10月	11月	12月	1月	2月	3月
食育の日 （食材に触れる）	秋の秋の食材に触れる 芋・魚を食べて楽しむ（きのこ・秋刀魚）	食文化の継承～だしをあじわう	根菜類（れんこん・ごぼう・大根・里芋）を知る 花野菜を知る	乾物食品に興味を持つ （切干大根作り）	大豆で出来る食品を知る 葉物野菜を知る すり鉢体験（ふりかけ）	春を感じる果物 いちごジャム作り 菜の花・新玉ねぎ
乳児	秋の食べ物・きのこ	味噌汁作り りんごの食べ比べ・りんごジャム作り	花野菜・冬野菜のおなか → すり鉢体験（ごますり等） →		手作りふりかけ	いちごジャム作り
幼児	魚の命を頂く・きのこ りんごの食べ比べ	出汁教室（5歳児）・箸指導	花野菜 鏡餅・餅花作り（5歳）	ごますり・切干大根 （デコポン・ネーブルでジャム作り）	味噌作り・手作りふりかけ	いちごジャム作り
食教育	箸指導（4・5歳児） 食事マナー →	魚の食べ方	野菜は、土の中＆上？	乾物の魅力 箸指導（3歳児）	大豆の大変身	食事のマナー・感謝の気持ち
郷土食	愛知	岩手	長野	秋田	長崎	岐阜
行事	運動会応援メニュー 10/31 ハロウィーンメニュー	11/9・10 お店屋さんごっこ 非常食体験 11/15　七五三メニュー	12/22　冬至メニュー 12/21　クリスマスメニュー	1/5　おせち料理 1/7　七草粥　1/11　鏡開き 1/12　もちつき会 大寒⇒切干大根作り	2/2　節分メニュー 2/14　バレンタインデー 味噌作り 2/16　せんべい焼き	3/3　ひな祭りメニュー 3/4　卒園お祝い膳 3/8　卒園式 3/20　ぼたもち リクエストメニュー

食育計画（食育全体目標）

目　標	乳幼児期の元気な心と体をつくるための望ましい食習慣を身につける。		
年（月）歳 ＼ 視点		人間関係とマナー	健康づくり
6ヶ月～1歳3ヶ月未満児	ねらい	・安定した人間関係の中で食事をし快い生活を送る。	・安定した生活リズムの中で機嫌よく過ごす。
	内容	・保育者との温かい表情や語りかけで機嫌よく食べる。 ・安心できる特定の保育者に食べさせてもらったり、自分で喜んで食べたりして心地よく食事をする。	・よく遊び、よく眠り、満足するまでミルクを飲んだり食べたりする。
1歳3ヶ月～ 2歳未満児	ねらい	・保育者を仲立ちとして、友達と共に食事をし、一緒に食べる楽しさを味わう。 ・食事に必要な基本的な習慣や態度に関心をもつ。	・安定した生活リズムの中で機嫌よく過ごす。
	内容	・保育者との応答的な関わりを喜び、楽しい雰囲気の中で食べる。 ・安心できる特定の保育者に食べさせてもらったり自分で喜んで食べたりして心地よく食事をする。	・よく遊び、よく眠り、満足するまで食べる。
2歳児クラス	ねらい	・保育者や友達と共に食事をし、一緒に食べる楽しさを味わう。 ・食事に必要な基本的な習慣が身につくようにする。	・いろいろな種類の食べ物や料理を味わう。 ・安定した生活リズムの中で機嫌よく過ごす。
	内容	・共に食べる保育者や友達に関心をもち、言葉のやりとりをしながら一緒に食べる楽しさを味わう。 ・スプーンやフォークの使い方が少しずつ上手になり、箸に興味をもつ。 ・保育者の手助けによって身の回りを清潔にしたり保育者や友達と一緒に挨拶をしたりする。	・よく遊び、よく眠り、食事を楽しむ。 ・いろいろな食べ物を食べて味覚の幅を広げ、食べ慣れない物も食べようとする。 ・保育者の真似をしたり、促しにより、よく噛んで食べようとする。
3歳児クラス	ねらい	・保育者や友達と共に食事をし、一緒に食べる楽しさを味わう。 ・食事に必要な基本的な習慣が身につくようにする。	・健康な生活のリズムを身につける。 ・食べ物と体の関係に興味をもち、いろいろな食べ物や料理を味わう。
	内容	・保育者や友達とおしゃべりをしながら、楽しい雰囲気の中で食事をする。 ・食事前後の排泄、手洗いや挨拶をする。 ・食事中に歩き回らずに、座って食事をする。 ・食事の仕方を知る。 ・箸を使って食べようとする。	・保育者や友達と一緒に楽しく思いっきり遊ぶことで、食べようとする気持ちが増す。 ・手洗いやうがい等の衛生面の習慣が分かるようになり促されてする。 ・保育者の真似をして、よく噛んで食べようとする。 ・食べ慣れない物でも少しずつ食べようとする。
4歳児クラス	ねらい	・保育者や友達と共に食事をし、一緒に食べる楽しさを味わう。 ・食事に必要な基本的な習慣を身につける。	・健康な生活のリズムを身につける。 ・食べ物と体の関係に興味を持ち、いろいろな種類の食べ物や料理を味わう。
	内容	・保育者や友達と会話をしながら同じ場で食べる楽しさを感じる。 ・保育者や友だちと一緒に楽しく食事をしながら、食事中の態度、箸や食器の持ち方等を身につける。 ・食事前後の排泄、手洗い、挨拶などの習慣や態度を身につける。	・保育者や友達と一緒に楽しく思いっきり遊ぶことで、食べようとする気持ちが増す。 ・手洗い、うがい等の衛生面の習慣が身につき、自分からしようとする。 ・保育者の促しにより、固いものや軟らかいものなどいろいろな食品をよく噛んで食べる。 ・食べ物と体の関係に興味をもち、自分から様々な食品を食べてみようとする。
5歳児クラス	ねらい	・保育者や友達と共に食事をし、一緒に食べる楽しさを味わう。 ・食事に必要な基本的な習慣を身につける。	・健康な生活のリズムを身につける。 ・食べ物と体の関係に興味を持ち、いろいろな種類の食べ物や料理を味わう。
	内容	・食事の場を共有する中で、友達との関わりを深める。 ・食事を作ってくれる人への感謝の気持ちを持つ。 ・食事の習慣が身につき、友達と楽しみながら食事をする。（排泄、手洗い、準備、挨拶、片付け等） ・配膳や片づけを友達と協力して進める。 ・楽しく食事をするための望ましい食事中の態度に気付き守ろうとする。 ・食べ方、箸、スプーンやフォークの使い分けや食器の持ち方などが分かり、一定の時間（30分程度）で食事をする。	・全身の運動機能が高まり、意欲的に体力遊びをすることで、食べることへの興味　関心が増す。 ・身体の健康や病気について関心を持ち、健康生活に必要な習慣を身に付ける。 ・噛むことの大切さを知り、意識してよく噛んで食べる。 ・食べ物と体との関係に興味関心をもち、自分から進んで様々な食品を食べようとする。

<table>
<tr><th>食への興味</th><th>家庭・地域との連携</th></tr>
<tr><td>・いろいろな食べ物を見る、触る、味わう経験を通して自分から食べようとする</td><td rowspan="12">〈家庭との連携〉
・園だよりや給食だよりで給食、間食の献立を知らせ、レシピの紹介や、健康、衛生、食習慣についての情報提供をし、啓発を促す。
・栄養士のブログで毎日情報を発信する。

〈連絡ノートの活用〉（乳児）
・家庭での毎日の生活時間（起床，就寝時間と食事の状況の記入により、子どもの健康状態態を把握し、生活リズムを整えていく。
・園での食事や生活の状態などを連絡し、食に関する指導についても、常に家庭との連絡を取りながら進めていくように努める。

〈日々の献立の公開〉
・給食の写真をブログで公開し、関心をもってもらったり、家庭の献立の参考にしてもらったりして、子どもの食への理解を深めてもらう。

〈給食試食会〉
・給食を試食してもらい、園の給食の状況に理解を深めてもらうとともに、気軽に意見を出したり、聞いたり出来るような関係を築いていく。
・食育参観を開催し保護者の食育への意識を高める。
・食に関する相談や支援

〈食事内容調査〉
・3日間通しの食事内容調査を行い、家庭でどのような食事が取られているのかを確認する。その結果をもとに保護者に向け食育により興味を持てるようにしていく。

〈野菜のおすそ分け〉
・保育園の畑で採れた野菜を家庭に持ち帰ることで野菜に慣れ親しみ、自分たちが収穫してきた野菜をおいしく最後まで味わう喜びを育てる。

〈子育て支援　にこにこあぢか〉
・未就園児も保育園の畑でいちご狩りや芋ほりなどを体験することで自然と触れ、親子で楽しい時間を過ごす。

《地域との連携》
・子育て支援センター事業の実施により、地域や家庭に対する支援や情報の提供を行う。
・老人クラブ員といちごの苗植えや芋掘りを行う。
・老人クラブ員と餅つきを行い一緒に食べる。
・いつもお世話になっている方を招いて食事会を開催。</td></tr>
<tr><td>・いろいろな食べ物に関心を持ち、手づかみで食べたり、スプーンやフォークに興味を持ったりして少しずつ自分で食べようとする。</td></tr>
<tr><td>・いろいろな食べ物を見る、触る、噛んで味わう経験を通して自分で食べようとする。</td></tr>
<tr><td>・いろいろな食べ物に興味を持ち、手づかみや、手助けを受けながらスプーンやフォークを使って、こぼしながらも自分で食べようとする。</td></tr>
<tr><td>・生活や遊びの中で食べることへの興味や関心をもつ。</td></tr>
<tr><td>・食事に出された食べ物や実物の食材や絵本の食べ物を見たり、ままごと遊びをしたりして、食べることへ関心をもつ。</td></tr>
<tr><td>・様々な経験を通して、食べることへの興味や関心をもつ。</td></tr>
<tr><td>・保育者とのかかわりや絵本、紙芝居などを通して、食べ物やうんちへの興味や関心をもつ。
・園の畑の野菜等の生長を見たり、収穫する。
・できたものを食べさせてもらうことを楽しむ。</td></tr>
<tr><td>・様々な経験を通して、食べることへの興味や関心をもったり、食べ物の大切さに気付いたりする。</td></tr>
<tr><td>・野菜等の生長を見たり、収穫をしたりする事を通して、自分達の食べる物に使われている食材に興味をもち食べようとする。
・エプロンシアターなどにより、食べることに興味をもち、自分からすすんで様々な食品を食べてみようとする。
・クッキングに興味をもち、見たり食べさせてもらったり、簡単なクッキングをして喜ぶ。</td></tr>
<tr><td>・様々な経験を通して、食べることへの興味や関心をもつ。
・栽培、調理、食事等を通して食べ物の大切さや感謝する気持ちをもち、命の大切さに気付く。</td></tr>
<tr><td>・様々な教材や経験を通して、食べることへの意欲をもつ。
・食べ物ができるまでの過程に興味を持ち、野菜を育てたり、収穫の喜びを味わったりする。
・食品や調理器具に興味をもち、保育者や友達と一緒に調理する楽しさを知る。
・自分達で調理したものを楽しく食べたり、小さい子にも食べてもらったりすることを喜ぶ。</td></tr>
</table>

認定こども園　七松幼稚園　食育計画(乳児)　2022年度

保育目標	○丈夫な身体元気な子○明るく優しく素直な子 ○みんなと仲良く遊べる子		食育目標	楽しく食べて 元気な子	年間食育目標	○友だちと一緒に食べる楽しさを知る　○食べ方や食事のマナーを身につける ○食べ物と身体の関係を身につける
月	**生活の場**	**主な行事(○印は行事食)**	**具体的な内容**	**ねらい**	**内容**	**配慮事項**
4月	園に慣れよう	入園式 避難訓練	○ままごと遊びを通して食材の種類などを知る	○食べ物に興味を持つ ○園生活の中で食習慣を身につける ○新しい環境の中で友だちや保育者と一緒に食べることを楽しむ	○健康と食べ物の関係について関心をもつ ○食事の前の手洗い・うがい・挨拶の習慣を身につける ○進級の喜びを感じ新しい環境で楽しく食べる	○食事と心身の健康は相互に密接な関連があることを踏まえながら、保育者等が食に関心をもち、子ども達に伝えていく ○手洗い、挨拶など基本的な食生活が身につけられるように配慮する ○楽しい食事に相応しい環境作りに配慮する
5月	仲よく遊ぼう	避難訓練 内科・歯科検診	○食事のマナーを知る ○夏野菜の苗植え(キュウリ・ナス・トマト)を見る ○苺を収穫する	○正しい食事のマナーを知り、食事の時間を楽しむ	○みんなで楽しく食事をし、食べることを楽しむ ○苺を収穫した喜びを感じる	○食事にふさわしい落ち着いた環境の中で、会話をしながら正しいマナーで食事するよう配慮する ○夏野菜の成育、収穫を見守り食材に親しめるようにする
6月	挑戦しよう	入園式 誕生会、避難訓練	○じゃが芋の収穫を見る ○玉ねぎの収穫を見る	○友達と共に食事の時間を楽しむ	○みんなで楽しく食事をし、食べることを楽しむ	○収穫したことを共に喜び、食べ物への感謝を持てるようにする ○アレルギー児を把握した上で提供する
7月	夏の遊び	誕生会 避難訓練 終業式	○夏野菜を観察する	○夏野菜の成長を感じる	○水やりをして育っていく野菜の成長を観察する ○手洗いにより食中毒を防ぐ	○野菜は、水と光が大切で重要である事を夏の暑さを通して学べるよう配慮する ○旬の野菜が身体にとって必要であることに気付くことができるようにする ○自ら進んで手洗いを行い、習慣づける
8月	暑さに負けない	水遊び 誕生会 避難訓練	○夏野菜を観察する	○とれたての新鮮な野菜を見る ○夏の暑さを体験し、水分と休息の大切さを知る	○野菜の収穫を見て、色、形、香りなどを感じる ○水分補給する事を心掛ける	○収穫した野菜が様々な料理に使われ、食事と健康のつながりに気付くよう配慮する ○のどが渇いたら自分で水分補給をできる環境を整える
9月	元気な子	始業式 誕生会、引き渡し訓練	○畑の麦の観察をする	○供えられた月見団子を通して、お月見の風習を知る	○お月見のお供え飾りから、お月見を知る	○豊作を祈る風習を知る事で自然の恵みに感謝する心が育つようにする
10月	丈夫な子	遠足(少)(中)(長) 夕焼け保育(長) 誕生会、避難訓練	○芋掘りを観察する	○収穫の喜びを知り、秋の味覚を感じる	○よく食べ、よく睡眠をとり、よく運動する ○秋の味覚を感じる	○よく運動する事で食欲が増し、おいしく食べられる事を知らせ、自然と食事のつながりに気付くように配慮する ○収穫の喜びを子どもと共に感じ、秋の味覚を知ることができるようにする
11月	実りの秋	クラブ参観(長) ※飼育栽培クラブ げんきまつり 誕生会、避難訓練	○干し柿を見る	○吊るされた柿を見て、柿の形態の移り変わりに気付く	○保育者と一緒に柿を見ることで、柿に興味を持つ	○渋柿の皮をむき天日乾燥することで、渋抜きと保存の両方を兼ね備え保存できる乾燥果実である事を知ることができるようにする
12月	冬の遊び	餅つき 保育参加(乳児) 内科検診 クリスマス会、終業式 誕生会、避難訓練	○餅つきを見学する ○植えている玉ねぎの苗を観察する	○餅つきを見学し、正月料理に関心をもつ	○餅つきを通して興味を持ち、遊びに取り入れてみる	○大勢の人たちがたくさんの準備をする事によってお餅つきができる喜びを知り、感謝していただく気持ちをもてるよう配慮する ○食べ物の扱い方、マナーを知らせる
1月	お正月遊び	始業式 誕生会、避難訓練	○伝承行事に関連した食べ物について知る	○正月の伝統的な文化を知る	○おせち料理を通してお正月の様子を知る	○おせち料理に興味関心がもてるようにする
2月	楽しいてづくりまつり	節分 てづくりまつり(作品展) お別れ遠足(長) 誕生会、避難訓練	○実ったキンカンを観察する	○園庭に出来る木の実に関心をもつ ○節分の由来を知り、豆まきに参加する ○冬に出回るおいしい旬の野菜を知る	○緑から黄色に色付いたキンカンに気付く ○節分を通した行事食を味わう	○キンカンは皮ごと食べられジャムなどにしても食べられることを知ることができるようにする ○豆の種類や、豆腐油揚げなど豆から作られる身近な食品に関心を持ち、行事食を味わえるようにする ○冬野菜が寒い季節を乗り切るために身体にとって必要であること知ることができるようにする
3月	もうすぐ進級	誕生会、避難訓練 終業式 卒園式	○ひなまつりを知る ○さやえんどうの成長を見る	○雛人形に興味を持ち、ひなあられや雛人形を知る ○給食を食べて元気に登園できたことを喜ぶ ○さやえんどうの成長を楽しみにする	○ひなまつりを知り、行事食の食材を楽しく食べる ○食事を作ってくれた人に感謝の気持ちを持つ	○春の訪れが感じ取れるような食材を選び、春への期待感を持てるようにする ○保育者と一緒に色々な食の体験を大切にし、支え合い、自立心を養えるようにする
備考	○季節ごとの園庭の木の実を保育者と見に行く(キンカン、クワの実、ブルーベリー、姫リンゴ、ミカン、柿、梅、ザクロ、ビワ、グミの実)					

認定こども園　七松幼稚園　　食育計画(幼児)　2023年度

保育目標	○丈夫な身体元気な子○明るく優しく素直な子 ○みんなと仲良く遊べる子	食育目標	楽しく食べて 元気な子	年間食育目標	○友だちと一緒に食べる楽しさを知る　○食べ方や食事のマナーを身につける ○食べ物と身体の関係を身につける

月	生活の場	主な行事(○印は行事食)	具体的な内容	ねらい	内容	配慮事項
4月	園に慣れよう	入園式 避難訓練 誕生会 進級式 園外保育（長）	○ままごと遊びを通して食材の種類、配膳の仕方などを知る	○食べ物に興味を持つ ○園生活の中で食習慣を身につける ○新しい環境の中で友だちや保育者と一緒に食べることを楽しむ	○健康と食べ物の関係について関心をもつ ○食事の前の手洗い・うがい・挨拶の習慣を身につける ○進級の喜びを感じ新しい環境で楽しく食べる	○食事と心身の健康は相互に密接な関連があることを踏まえながら、保育者等が食に関心をもち、子ども達に伝えていく ○手洗い、挨拶など基本的な食生活が身につけられるように配慮する ○楽しい食事に相応しい環境作りに配慮する
5月	仲よく遊ぼう	避難訓練 誕生会 内科・歯科検診 保育参加 園外保育（中・少）	○食事のマナーを知る ○夏野菜の苗植え （キュウリ・ナス・トマト） ○玉ねぎの収穫 ○くわ収穫する ○さつまいもの苗を植える	○正しい食事のマナーを知る ○陶器の茶碗の扱いを知る（年長）	○みんなで楽しく食事をするためにマナーが必要なことを知る ○陶器の茶碗は扱い方次第で破損することを知る	○食事にふさわしい落ち着いた環境の中で、会話をしながら正しいマナーで食事するよう配慮する ○陶器の茶碗を通し、食器の正しい扱い方や大切さを感じられるようにする ○夏野菜の成育、収穫を見守り食材に親しめるようにする ○米の生産、収穫の喜び、食料の大切さを実感し米一粒を大切にする
6月	挑戦しよう	誕生会 避難訓練 げんきまつり	○麦のもみ取り ○田植えをする（飼育栽培） ○グミを収穫する ○クッキングをする（継続）	○正しい食事のマナーを身につけ食事の時間を楽しむ ○クッキングに興味をもつ ○麦のもみ取りをし、麦の成長に興味を抱く ○米作りに対して興味や関心をもつ	○田んぼの土踏みをする（飼育栽培） ○玉ねぎを収穫し、クッキングをして食べる	○収穫したことを共に喜び、食べ物への感謝を持てるようにする ○アレルギー児を把握した上で提供する
7月	夏の遊び	誕生会 避難訓練 終業式 水遊び	○夏野菜の世話をする	○夏野菜の成長を知り、観察する中で収穫への期待を高める ○季節の野菜の身体への役割を知る	○水やりをして育っていく野菜の成長を観察する ○夏野菜が身体に必要なことを感じ取る ○手洗いにより食中毒を防ぐ	○野菜は、水と光が大切で重要である事を夏の暑さを通して学べるよう配慮する ○旬の野菜が身体にとって必要であることに気付くことができるようにする ○自ら進んで手洗いを行い、習慣づける
8月	暑さに負けない	水遊び 誕生会 避難訓練	○夏野菜の収穫をする	○とれたての新鮮な野菜の味を知る ○夏の暑さを体験し、水分と休息の大切さを知る	○自らの手で野菜を収穫し、色、形、香りなどを五感を使って感じる ○水分補給する事を心掛ける	○収穫した野菜が様々な料理に使われ、食事と健康のつながりに気付くよう配慮する ○のどが渇いたら自分で水分補給をできる環境を整える
9月	元気な子	始業式 誕生会 引き渡し訓練 園外保育（長）	○稲刈りをする	○供えられた月見団子を通して、お月見の風習を知る	○お月見のお供え飾りから、お月見の風習の話を聞く	○豊作を祈る風習を知る事で自然の恵みに感謝する心が育つようにする
10月	丈夫な子	園外保育（少）（中） 夕焼け保育（長） 誕生会 避難訓練	○芋掘りを体験する ○玉ねぎの苗を植える ○稲のもみ取りをする ○木臼で精米する ○さやえんどうの種まき	○収穫の喜びを知り、秋の味覚を味わう	○よく食べ、よく睡眠をとり、よく運動する事で丈夫な身体が作られるということの大切さを知る ○芋掘りを体験し、収穫の喜びを味わう	○よく運動する事で食欲が増し、おいしく食べられる事を知らせ、自然と食事のつながりに気付くように配慮する ○収穫の喜びを子どもと共に感じ、実際に味わう事で秋の味覚を知ることができるようにする
11月	実りの秋	こころまつり 誕生会、避難訓練	○干し柿を見る ○サトウキビを観察する	○吊るされた柿を見て、柿の形態の移り変わりに気付く ○サトウキビの成長を楽しみにする	○柿を干し柿にすることで保存食になることを知る	○渋柿の皮をむき天日乾燥することで、渋抜きと保存の両方を兼ね備え保存できる乾燥果実である事を知ることができるようにする
12月	冬の遊び	餅つき、保育参加（乳児） クリスマス会、終業式 誕生会、避難訓練	○餅つきをする	○餅つきを体験し、正月料理に関心をもつ	○餅つきを通してたくさんの人の協力が必要である事を知る ○つきたての餅をいただく	○大勢の人たちがたくさんの準備をする事によってお餅つきができる喜びを知り、感謝していただく気持ちをもてるよう配慮する ○食べ方の扱い方、マナーを知らせる
1月	お正月遊び	始業式 誕生会 避難訓練 クラブ参観（長）	○伝承行事に関連した食べ物について知る ○精米した米を食べる（飼育栽培）	○正月の伝統的な文化を知る ○育てた米からのおにぎりを味わう（飼育栽培）	○おせち料理を通してお正月の様子を知る ○収穫したお米に感謝しおにぎりをいただき、達成感を得る	○おせち料理に興味関心がもてるようにする ○米づくりの大切さを知る事で一粒一粒の米を大切にする気持ちを持てるようにする ○お米に関するクイズで知識が高められるよう、配慮する
2月	楽しいてづくりまつり	節分 てづくりまつり お別れ遠足（長） 誕生会、避難訓練	○キンカンが実る ○豆まきをする	○園庭に出来る木の実に関心をもつ ○節分の由来を知り、豆まきに参加する ○冬に出回るおいしい旬の野菜を知る	○緑から黄色に色付いたキンカンに気付く ○節分を通した行事食を味わう ○冬には冬野菜の栄養素の必要性があることを知る	
3月	もうすぐ進級	誕生会 避難訓練 終業式、卒園式	○ひなまつりに関連した食べ物について知る ○さやえんどうの成長を見る	○雛人形に興味を持ち、ひなあられや雛人形の由来を知る。 ○給食を食べて元気に登園できたことを喜ぶ ○さやえんどうの成長を楽しみにする	○ひなまつりの由来を知り、行事食の食材から春の訪れを体感し、楽しく食べる ○食事を作ってくれた人に感謝の気持ちを持つ	○春の訪れが感じ取れるような食材を選び、春への期待感を持てるようにする ○保育者と一緒に色々な食の体験を大切にし、支え合い、自立心を養えるようにする
備考		○季節ごとの園庭の木の実を保育者と見に行く（キンカン、クワの実、ブルーベリー、姫リンゴ、ミカン、柿、梅、ザクロ、ビワ、グミの実）				

年齢別食育指導計画(未満児)

和田島福祉会

	期	Ⅰ　(5～6か月)	Ⅱ　(7～8か月)	Ⅲ　(9～11か月)	Ⅳ　(12～18か月)
0歳児	ねらい	◎口唇を閉じて飲み込む	◎舌と上あごでつぶす ◎スプーンから離乳食をひと口で挟み取る	◎奥の歯ぐきでつぶす ◎コップで飲む	◎奥歯でかみつぶす ◎食具を持って食べる
	感覚運動機能	○上唇を下げて口を閉じ、圧力をかけてゴックンと飲み込む。	○つぶすときに、左右の口角が伸び縮みする ○口唇に筋肉がつき、口を結んだとき、水平になり一文字に見える	○前歯で量を調整する ○舌で奥の歯ぐきに運ぶ ○唇がよじれながら閉じる ○ほほを膨らませて食べる ○あごがしゃくれる	○口唇や口角が自由に動かせる ○奥歯でかめる ○基礎的な咀嚼運動の完成
	配慮事項	○開口時、舌状面と床面が平行な姿勢で座らせる ○下唇をスプーンで刺激し、出てきた舌先に乗せる 顔面に対し直角に食具を入れると、スムーズな動きが引き出せる	○下唇を刺激し、上唇の動きを引き出す ○上下唇で挟み取らせ口を閉じ、舌面と上あごでつぶし、嚥下することを確認する	○手づかみ食べを認め、食材の感触を体得させる ○取り込み ↓ かんでつぶす ↓ 飲み込むことを覚えさせる	○食具を使って食べさせることが早すぎないか、手づかみ主体の発達を重視する ○子どもにストレスがかかるような援助は避ける ○背中を安定させる
	調理形態	○ドロドロ状 ○マヨネーズ状 ○ポタージュ状	○一応形はあるが舌でつぶせる硬さにする(耳たぶくらいの硬さになる) ○様々な味を体験させる	○形のあるもので歯ぐきでつぶせる硬さにする ○手づかみ食べを促すようなもの(おにぎり、パンスティック)	○噛む力は未熟なため、調理形態に配慮が必要 ○薄味にし個人差を考慮して刻んだものを提供する
1歳児	期	Ⅰ　(12～15か月)	Ⅱ　(16～18か月)	Ⅲ	Ⅳ
	ねらい	◎よく食べ、よく遊びよく寝るを基本に生活をする	◎いろいろな食材を見たり触ったり食べたりする経験を通し食べようとする意欲を育てる	◎ほとんどの食品を食べられるようになる ◎おおむねひとりで食べられるようになる	◎介助がなくてもひとりで食べられる ◎おやつと1日3食をきちんと食べるよう生活のリズムを整える
	活動内容	○食事の前は保育者と一緒に手を洗う ○「いただきます」や「ごちそうさま」のあいさつを保育者に促されて一緒に行う	○スプーンを上手持ちで食べようとする ○手や口の周りを自分で拭こうとする	○食後は口をすすぐ ○最後まで座って食事をする ○お皿に残っているものを保育者に集めてもらい食べる ○保育者の言葉がけで苦手なものも食べようとする	○スプーンを使って最後までひとりで食べられる ○よく噛んで食べる ○食器に手を添えて食べる
	配慮事項	○自分で食べようとする気持ちを尊重する ○食べ物に好みが出てくるのでひとりひとりの様子を把握する	○大人がおいしく食べている様子を見せる ○落ち着いて食べられる雰囲気を作る ○ひとりひとりの生活のリズムを大切にしていく	○自分で食べられたときは「褒める」「認める」の言葉をかける ○保育者の座る場所やテーブルの配置などの環境を整える	○遊ぶ場所と食事をする場所との区分をきちんとしておく ○よく噛むということを保育者が真似をしたりして視覚から伝えていく
2歳児	期	Ⅰ	Ⅱ	Ⅲ	Ⅳ
	ねらい	◎食事や間食の仕方に慣れる ◎食生活に必要な基本的な習慣や態度を身につける	◎様々な食品や食材、調理形態に親しむ ◎基本的な食事の仕方を知る	◎食べ物を大切にし、食への興味関心を持つ ◎スプーン・フォークを使って食べようとする	◎みんなと一緒に楽しく食べる ◎食べられるものが増え、苦手なものも促されて食べる
	活動内容	○一定の時間内に食べられる(約30分) ○手洗い、食前、食後の挨拶を習慣付ける ○食事に使うものの用意や片付けをする	○いろいろな食べ物を進んで食べようとする ○床に落ちたものを促されて自分で拾う ○準備→食べる→片付けの流れを知る	○スプーンを下手持ちで使えるようになる ○自分でかき集めが出来て残さず食べられる ○嫌いなものでも声をかけられると食べられる	○季節の食材や食べ物に興味を持つ ○スプーン、フォークを使い分ける ○食べたいもの、好きなものが増える ○楽しい雰囲気の中で食事をする
	配慮事項	○食べる場所と遊ぶ場所を区別する ○落ち着いて食事が出来る環境を整える	○いろいろな食べ物に接する機会を設ける ○食材の名前や味を教えていく ○食具の持ち方を伝えていく ○献立の内容「今日のごはんは何?」に興味を持てるような声かけをしていく	○食事中にかける言葉が子どもにとってプレッシャーにならないようにする ○食事中に下手持ちのことであまりしつこくないように配慮する ○収穫を通し食材に興味が持てるようにしていく	○食べきれなさそうな時は量を減らすなど、食べられた達成感を味わうことによって少しずつ食べる量が増えるようにしていく

年齢別食育指導計画(以上児)

和田島福祉会

	期	Ⅰ	Ⅱ	Ⅲ	Ⅳ
3歳児	ねらい	◎いろいろな食品に慣れる ◎新しい食器に慣れる ◎自分で食べられる ◎食事の片付けの方法を知り大事に扱う	◎食事のマナーが大体わかる ◎よく噛んで食べる ◎畑の野菜に興味、関心を持つ	◎食事に関心を持つ ◎ひとりで上手に食べられる ◎食材の名前がわかる ◎歯磨きをして口腔内をきれいにする	◎友達と一緒に食事をする ◎献立や食品に興味、関心を持つ
	活動内容	○食前・食後の挨拶をきちんとする ○皿に手を添えるなど基本的な扱いをするようになる ○食べ終わった食器をひとつずつ片付ける	○お手本になる食事の仕方などを見て、自分なりに真似をしようとする ○口の中に入れる適量が大体わかる ○畑を見に行き、花・実など植物が大きくなっていることを喜ぶ	○献立や食品の名前を覚える ○収穫した食材をおいしく食べる ○保育者に手助けされながら歯磨きする	○楽しく食事をする ○苦手なものでも少しずつ食べる ○こぼさないで食べることを少しずつ意識するようにする
	配慮事項	○食器の扱い方を繰り返し丁寧に伝えていく ○落とすと割れることなどを伝え片付けることに慣れていくようにする	○教材などを使い、食べ方の見本や姿勢を示しわかりやすく伝えていく ○旬の食材を子どもたちの手の届く場所に用意し、見たり触れたりできるようにする	○献立や食品の名前を話題にして興味を引き出す ○食べることは体に良いことをわかりやすく伝え、積極的に食べられるようにする	○盛り付けや配膳を工夫して楽しい食事の雰囲気作りをする ○友達と食べることで、少し苦手なものでも食べようという意欲が出るよう、プラスになる言葉かけを心がける
4歳児	ねらい	◎あたらしい環境に慣れゆったりと食べる ◎いろいろな食材を知る	◎空腹を体験し食べる意欲を育てる ◎いろいろな食材に興味や関心を持つ	◎食環境やマナーを身につけみんなと仲良く食事をする ◎いろいろな食材に親しむ	◎友達と一緒に楽しく食事をする ◎いろいろな味がわかりおいしく食べる
	活動内容	○食事の準備・後片付けなどの流れがわかり自分でする ○食べ物に関するゲーム遊びやクイズなどをする ○噛むことの大切さを知る	○遊んだ後、お昼になったらお腹がすいてくることを理解する ○食材の下ごしらえを手伝う ○手洗い、歯磨きを丁寧にする	○収穫したものを喜んで食べる ○保育者に言葉をかけながらも、自分で姿勢や食具の持ち方に気をつける	○友達と食事をする中で様々な食べ物を食べる楽しさを知る ○給食に使われている食品について知り興味を持つ
	配慮事項	○ゆったりとした雰囲気や食卓作りを心がける ○ゲームやクイズなど利用して興味を持たせる ○歯についての話や噛むことの大切さをわかりやすく話していく	○食事前後の衛生指導をする ○調理室の様子を見学する機会を作り、実際に見たり、においをかいだりすることで関心を深めていくようにする	○収穫したものの素材を生かした献立を作ってもらう ○食べ物に関わる様々なものを少しでも知ることで食に関心を持てるようにする	○食べる場所、食卓の並べ方、座る位置、配膳の仕方などの工夫をする ○教材を利用して理解を促す ○献立の中の材料を確認したり見せてもらったりして関心を高めるようにする
5歳児	ねらい	◎食に対しての基本的な生活習慣や態度を身につける ◎苦手なものでも食べようとする気持ちが育つ	◎楽しく食事をするための方法やルールをみんなで守りながら食事をする ◎野菜作りを通し食べ物への関心を広げる	◎食事に関わる人のことを知り感謝の気持ちを持つ ◎食べ物と体の関係に関心を持つ	◎食事の持つ意義を知り心身と食べ物の関係についての知識を広げ、食べることの大切さを知る
	活動内容	○教材を使って食べ物の話を聞く ○食べ物の働きを知る ○苦手なものも少しは自分の考えで食べる ○準備・後片付けは自分でする	○みんなで協力しながら野菜を育て生長と収穫を喜ぶ ○食事にかかる時間、会話の仕方などみんなで考える ○下ごしらえを手伝う	○朝食の大切さを知りきちんと食べる ○野菜の収穫を経験しそれらを使って簡単な料理をする ○食に関する体験をごっこ遊びの中で使う ○排便の大切さを知る	○三色食品群などの栄養について少しは理解をする ○食べることの大切さと食が生活に関係していることを知る ○一定時間に、出されているものを食べる
	配慮事項	○慣れてくるといい加減になりがちな歯磨き、うがい、後始末などを見直し、一人一人が確立できるようにしていく ○食材を知らせたり、働きを伝えたり、栽培などの経験を通し興味を持ち自分から食べようという気持ちを持てるようにする	○野菜作りを通し、生長の過程、収穫の楽しみなどを体験することで、食材への関心を持たせるようにする ○楽しく食べるにはどうしたら良いかなどを子どもの中から引き出していく	○食べ物が便になるまでの過程などを話し、体のしくみに興味が持てるようにする ○調理を体験することで、食に対する興味を広げていく ○食べ物を作っている人、運んでいる人など自分たちが食べられるまでにいろいろな流れがあることを伝える	○何でできているのか、何が入っているのかなどを知ることで食に対する関心を広げていく ○食事に対する一通りのマナーを再確認していく(時間、箸の持ち方など) ○食全体に興味を持つように働きかける

園長	副園長	主幹保育教諭	栄養士

食育の全体計画

いけだ認定こども園

食育の全体目標	食べることに興味を持ち、食事を楽しみながら健全なからだを育む。				
項目 年（月）齢	健康づくり（子どもの発達）	食事内容（調理等を含む）	食べ方・マナーを身につける	食事への興味を持つ	家庭や地域との連携
6ヶ月未満児	・よく遊び、よく眠り、よく食べ、1日のリズムを作る。 ・お腹がすき、ミルクや母乳を飲みたいだけ飲む。	・家庭と連携をし、ミルクや冷凍母乳で栄養をとる。 ・必要に応じて離乳食を始める。	・個人差に配慮し、発達や発育状況を把握する。 ・安定した人間関係の中で、ミルクを飲む。	・お腹がすいた、飲みたいと欲求を催促できる環境を作る。 ・授乳してくれる保育教諭等への興味を持つ。	・ミルクの飲み方や発育について、家庭と連携する。
6ヶ月以上 1歳未満児	・よく遊び、よく眠り、よく食べ、1日のリズムを作る。 ・お腹がすき、ミルクや離乳食を食べたいだけ食べる。	・家庭と連携をし、離乳食進行表に沿った離乳食作りを行う。 ・個人差、発達に留意する。	・食べさせてもらうことから、自分で食べられる環境作りに配慮する。	・自分で意欲的に食べ、食べることが楽しいと感じる。	・離乳食進行表を通じ、家庭と連携して離乳食を進めていく。
1歳児	・よく遊び、よく眠り、よく食べ、1日のリズムを作る。 ・お腹がすき、ご飯をお腹いっぱい食べる。	・年齢にあった切り方をする。 ・偏食が多い時期なので、声掛けなどで対応していく。	・自分で食べる姿を見守り、必要に応じて援助していく。 ・手づかみ食べなど、自分で食べられる環境を整える。	・友だちと同じ食卓を囲み、一緒に食べる雰囲気を楽しむ。 ・年齢にあった体験を行う。	・離乳食進行表を通じ、家庭と連携して、離乳食の完了を目指す。
2歳児	・食べることが好きになる。 ・外で思いっきり体を動かし、しっかり食べこみ、疾病の予防に努める。	・年齢にあった切り方をする。 ・偏食が多い時期なので、声掛けなどで対応していく。	・食事の前後のあいさつを自然とできるようになる。	・友だちや保育教諭等と同じ食卓を囲み、一緒に食べる楽しさを味わう。 ・年齢にあった食育体験を行う。 ・料理動画を通じて、食事をより身近に感じる。	・おたよりや、献立表を用いて、家庭への働きかけを行う。 ・展示食や玄関への食材の展示などから、園児と保護者の会話が広がるような環境づくりを行う。
3歳児	・食事や睡眠、排泄など、活動の時間帯を、自分で把握する。 ・遊びこむ、食べこむことで、疾病予防に努める。	・主食、主菜、副菜、汁、果物と、バランスの良い食事に配慮する。 ・好き嫌いが自然となくなるような献立作りに留意する。	・スプーン、フォークから箸への移行を行う。 ・食器の位置を知る。	・食育体験を通じ、季節感や食への興味へつなげる。 ・料理動画を通じて、食事をより身近に感じる。	・おたよりや献立表を配り、展示食などを通して家庭への働きかけを行う。 ・食育の時間を子どもたちだけの時間にするのではなく、保護者へも食育の輪が広がるような活動をする。
4歳児	・いろいろな食材の名前を知り、食べることに興味を持つ。 ・自分の食べられる量を伝えられるようになる。	・主食、主菜、副菜、汁、果物と、バランスの良い食事に配慮する。 ・好き嫌いが自然となくなるような献立作りに留意する。	・箸の持ち方や食器の置き方など、基本的なマナーを身につける。 ・食べる姿勢に気を付ける。	・食育体験を通じ、季節感を感じ、食材の名前などを知る。 ・当番活動を通じ、友だちとの関りを持つ。 ・料理動画を通じて、食事をより身近に感じる。	・おたよりや献立表を配り、展示食などを通して家庭への働きかけを行う。 ・地域から頂いた食材を五感で感じ、クッキング活動などを通して、家庭へも働きかけを行う。
5歳児	・いろいろな食材をバランスよく食べ、疾病予防に努める。 ・自分の食べられる量を伝えられるようになる。	・主食、主菜、副菜、汁、果物と、バランスの良い食事に配慮する。 ・好き嫌いが自然となくなるような献立作りに留意する。	・友だち同士でマナーを教えあったり、年齢の小さい子に教えたりする。 ・手洗いをしっかりと行う。	・食育体験や、クッキングを通して、食材のこと、作り手の気持ちなどを理解する。 ・当番活動のリーダーとなり、積極的に活動を行う。 ・料理動画を通じて、食事をより身近に感じる。	・おたよりや献立表を配り、展示食などを通して家庭への働きかけを行う。 ・地域交流を通し、一緒におやつを食べたり一緒に食事を楽しむ。
特別な配慮を必要とする児（食物アレルギー、体調不良・障害のある子ども等）	〈食物アレルギー〉 ・主治医の食事指示による除去食を基本とし、必要に応じて代替食の提供を行う。 ・半年に1度医療機関でのアレルギー検査を行ってもらい、必要に応じて保護者との面談を行う ・専用の名前プレート、個別のトレーを使い、配膳を行う。調理側、教諭等で声を掛け合い、確認を行う。 〈体調不良児〉 ・園児の意向を聞き、水分補給を中心に、食事形態を工夫して食事提供をする。 ・不調や配慮事項がある場合は、必要に応じて保護者の要望や医師の指示に対応する。 〈障害のある子ども〉 ・主治医や専門職の指示を仰ぎ、保護者、担任と面談したうえで、その園児にあった食事計画を立て、園全体で取り組んでいく。				
地産・地消へのとりくみ	・地元にある食材を購入し、使用する際は子どもたちに伝え、自分の住む地域にどのような食材があるのかを知る。 ・スーパーや八百屋、魚屋など近くに見学に行き、実際に見て学ぶ機会を作る。				

園長	副園長	主幹保育教諭	栄養士

食育の年間指導計画（6か月未満児）

いけだ認定こども園

目標	保育教諭等と信頼関係を築き、ゆったりとした環境ですごす。							
区分	園児の姿	ねらい	食育内容	配慮事項		子育て支援		気づき・評価等
				食事内容からの配慮	食べさせ方の配慮	保護者への働きかけ	地域との連携	
第1期	・保育教諭等との信頼関係の下で、やさしく見守られながら、ミルクを飲む。 ・泣いて、ミルクを欲しがり、お腹がすいたと訴える。	・保育教諭等と信頼関係を築き、安心した雰囲気を作る。 ・泣くことにより、ミルクを欲しがり、保育教諭等と気持ちが通じることで、情緒の安定をはかる。	・よく遊び、よく眠り、よく飲み、1日の生活リズムをつける。 ・お腹がすいたことを泣いて訴えると、愛情深くかかわってくれる保育教諭等との関係づくり。 ・落ち着いた時間の中で、授乳ができる環境作り。	・月齢にあった適切な哺乳量を授乳する。	・目と目を合わせたり、微笑みかけながら、和やかな雰囲気での授乳に配慮する。 ・自然光を取り入れ、日中の明るさの下、昼間の雰囲気を作る。	・個人差を考慮し、家庭との連携で、哺乳量や哺乳時間などの調整を行う。 ・おたよりや献立表の配布を月に1回行う。 ・毎日の展示給食や食育コーナーでの展示を行う。	・子育て支援利用の方への離乳食情報の提供を行う。 ・子育て支援利用の方への離乳食教室や、個別相談などに応じる。	
第2期	・食べることに関心を持ち、一日のリズムの中で、ミルクを飲むことを楽しむ。 ・友だちが食べる姿を見て、もぐもぐと口を動かしたり、ミルクを欲しがったりする。	・よく遊び、よく眠り、お腹がすくリズムをつける。 ・安定した生活リズムの中で、ゆったりとミルクを飲むことで、情緒の安定をはかる。 ・友だちが食べる姿を見たり、ランチルームに慣れる。	・よく遊び、よく眠り、よく飲み、1日の生活リズムをつける。 ・愛情豊かな大人との関わりで、信頼関係を築く。 ・安定した人間関係の中で、ゆったりとした雰囲気で安心した環境を作る。	・月齢にあった適切な哺乳量を授乳する。	・目と目を合わせたり、微笑みかけながら、和やかな雰囲気での授乳に配慮する。 ・自然光を取り入れ、日中の明るさの下、昼間の雰囲気を作る。	・個人差を考慮し、家庭との連携で、哺乳量や哺乳時間などの調整を行う。 ・おたよりや献立表の配布を月に1回行う。 ・毎日の展示給食や食育コーナーでの展示を行う。		

園長	副園長	主幹保育教諭	栄養士

食育の年間指導計画（6か月以上1歳未満児）

いけだ認定こども園

目標	よく遊び、よく眠り、よく食べ、1日の生活リズムを作る。							
区分	園児の姿	ねらい	食育内容	配慮事項		子育て支援		気づき・評価等
				食事内容からの配慮	食べさせ方の配慮	保護者への働きかけ	地域との連携	
第1期	・初めての食事を楽しむ。 ・安定した人間関係、安心できる環境の下、食事をする。	・ミルク以外の味に慣れ、じっくりと味蕾を形成する。 ・安心できる環境下で、ゆっくりと食事を楽しむ。	・よく遊び、よく眠り、よく飲み、1日の生活リズムをつくる。 ・家庭との連携を図り、離乳食を進めていく。	・おかゆからはじめ、ミルク以外の固形物に慣れるようにじっくり進める。	・発達段階にあった、机、椅子を準備する。 ・安定した人間関係の中で、落ち着いて食事をできる環境作り。 ・保育教諭等と向かい合いながら声をかけたりする。	・適切な哺乳量や、時間間隔などの調整を行う。 ・離乳食進行表で、家庭との連携を図り、個人対応をしていく。 ・おたよりや献立表の配布を月に1回行う。 ・毎日の展示給食や食育コーナーでの展示を行う。	・地域から頂いた食材などを使って、素材の味を楽しむ。 ・子育て支援利用の方に離乳食に関する情報提供をする。	
第2期	・食べることを楽しみにする。 ・いろいろな食材を知り、味わう。 ・安定した人間関係、安心できる環境の下、食事をする。	・食材の素材の味を楽しみ、味蕾を形成する。 ・安心できる環境下で、ゆっくりと食事を楽しむ。	・よく遊び、よく眠り、よく飲み、1日の生活リズムをつくる。 ・家庭との連携を図り、離乳食を進めていく ・旬の食材を取り入れ、素材の味を生かす。	・1種類ずつ食べられる食材を増やしていく。 ・ゆでる、蒸す、を基本に素材の味を引き出し、薄味に気を付ける。 ・歯茎や舌ですりつぶせるぐらいの大きさ、固さにする。	・発達段階にあった、机、椅子を準備する。 ・自分で食べたいという意欲を発揮できる環境作り。 ・保育教諭等と向かい合い、もぐもぐ一緒に口を動かしたり、噛むことに留意する。	・適切な哺乳量や、時間間隔などの調整を行う。 ・離乳食進行表で、家庭との連携を図り、個人対応をしていく。 ・おたよりや献立表の配布を月に1回行う。 ・毎日の展示給食や食育コーナーでの展示を行う。		
第3期	・いろいろな味に慣れ、食事の時間を楽しみに待つ。 ・食具を持ったり、手づかみで食べたり、意欲的に食べる。	・食材から料理へと段階を進め、いろいろな味を知る。 ・自分で食べることで、食べることの楽しさを味わう。	・よく遊び、よく眠り、よく飲み、1日の生活リズムをつくる。 ・家庭との連携を図り、離乳食を進めていく。 ・旬の食材を取り入れ、いろいろな味を楽しむ。	・食材そのものから、料理へと段階を上げる。 ・ゆでる、蒸す、を基本に素材の味を引き出し、薄味に気を付ける。 ・歯茎や歯で噛める大きさ、固さにする。	・自分で食べたいという意欲を発揮できる環境作り。 ・保育教諭等と向かい合い、もぐもぐ一緒に口を動かしたり、噛むことに留意する。 ・友だちと一緒の食卓を囲み、一緒に食べるおいしさを味わう。	・離乳食進行表で、家庭との連携を図り、個人対応をしていく。 ・おたよりや献立表の配布を月に1回行う。 ・毎日の展示給食や食育コーナーでの展示を行う。		
第4期	・様々な食形態を味わう。 ・食事の時間を楽しみに待つ。	・普通食への移行をスムーズに行う。 ・食べることを楽しみ、食べたいという意欲が出る。	・よく遊び、よく眠り、よく飲み、1日の生活リズムをつくる。 ・家庭との連携を図り、離乳食から幼児食への完了を行う。	・ゆでる、蒸す、を基本に素材の味を引き出し、薄味に気を付ける。 ・発達にあった、大きさ、固さに配慮する。 ・手づかみできる食材を使用する。	・保育教諭等と向かい合い、もぐもぐ一緒に口を動かしたり、噛むことに留意する。 ・友だちと一緒の食卓を囲み、一緒に食べるおいしさを味わう。 ・手づかみで思い切り食べられる環境を作る。	・離乳食進行表で、家庭との連携を図り、個人対応をしていく。 ・完了期に向け、提案や、相談を積極的に行う。 ・おたよりや献立表の配布を月に1回行う。 ・毎日の展示給食や食育コーナーでの展示を行う。		

園長	副園長	主幹保育教諭	栄養士

食育の年間指導計画（1歳児）

いけだ認定こども園

目標	友だちと一緒に食べることを楽しむ。							
区分	園児の姿	ねらい	食育内容	配慮事項		子育て支援		気づき・評価等
				食事内容からの配慮	食べさせ方の配慮	保護者への働きかけ	地域との連携	
第1期	・保育教諭等や友だちと楽しい雰囲気で食事をする。 ・満足するまで食べ、心身ともに満たされる。	・新しい環境を考慮し、楽しい雰囲気で食事をする。 ・満足することで、心も体も満たされる。	・新しい環境に慣れることを中心に、楽しい雰囲気を作る。 ・ランチルームで食事をすることに慣れる。	・新しい環境を考慮し、食べ慣れた献立に留意する。 ・離乳食完了期からの移行なので、固いものや大きいものは、適当な大きさに切る。	・隣同士の距離に余裕を持ち、トラブルが起こりにくくする。 ・援助が必要な場合は、その都度対応する。	・離乳食進行表を通じて、保護者と連携し、離乳食の完了を目指す。 ・おたよりや献立表の配布を月に1回行う。 ・毎日の展示給食や食育コーナーでの展示を行う。	・地域から頂いた食材などを使って、素材の味を楽しむ。 ・地域の方に頂いた食材を触ったり、見たり、嗅いだり五感で楽しむ。 ・散歩の際に近所の畑にある野菜などを見ながら、食材を伝える。	
第2期	・食具を持ち、意欲的に食べる。 ・満足するまで食べ、心身ともに満たされる。	・手や食具を使い、自分で食べる意欲を引き出す。 ・満足することで、心も体も満たされる。	・いろいろな食材に触れる機会を設け、それを楽しむ。 ・絵本などで食べ物を身近に感じられるようにする。	・固いものや大きいものは、適当な大きさに切る。 ・年齢にあった食具や食器で食事をする ・水分補給に配慮する。 ・疲労回復の献立に留意する。	・隣同士の距離に余裕を持ち、トラブルが起こりにくくする。 ・初めての食べ物や、手を付けない場合はやさしく声掛けを行い、丁寧にかかわる。	・栄養相談など受け、毎日の様子や食べ方など、お迎えの時間に直接話をする機会を設ける。 ・おたよりや献立表の配布を月に1回行う。 ・毎日の展示給食や食育コーナーでの展示を行う。		
第3期	・よく噛み、ゆっくりとした時間の中で食事をする。 ・友だちや保育教諭等と一緒に食べることを楽しむ。	・咀嚼することを意識し、噛むという食事の基礎を得る。 ・友だちや保育教諭等との会話や、一緒に食べることの楽しさを知る。	・保育教諭等との会話の中で、食材の話をしたり、調理者とのかかわりを多く持つ。	・固いものや大きいものは、適当な大きさに切る。 ・年齢にあった、持ちやすい食具や食器に配慮する。	・遊び食べや、食べたくない気持ちを汲み取り、声掛けを行いながら対応していく。	・栄養相談など受け、毎日の様子や食べ方など、お迎えの時間に直接話をする機会を設ける。 ・おたよりや献立表の配布を月に1回行う。 ・毎日の展示給食や食育コーナーでの展示を行う。		
第4期	・食器をもって食べたり、一人で最後まで食べる。 ・苦手な物にも挑戦する。	・食器を持つことで、食べこぼしを減らし、一人で食べる力をつける。 ・苦手なものも食べてみようとする。	・発達に合わせ、食具の持ち方を、上手持ちから下手持ちに変える。 ・苦手なものは少量からなど、完食した喜びを得る。	・汁物の温度などに気を付け、食べやすい具材の大きさに配慮する。 ・園児の手に収まりやすい食器を選ぶ。	・遊び食べや、食べたくない気持ちをくみとり、個々に配慮する。	・栄養相談など受け、毎日の様子や食べ方など、お迎えの時間に直接話をする機会を設ける。 ・おたよりや献立表の配布を月に1回行う。 ・毎日の展示給食や食育コーナーでの展示を行う。		

園長	副園長	主幹保育教諭	栄養士

食育の年間指導計画（2歳児）

いけだ認定こども園

目標	食事を楽しみ、一人で食べられるようになる。							
区分	園児の姿	ねらい	食育内容	配慮事項		子育て支援		気づき・評価等
				食事内容からの配慮	食べさせ方の配慮	保護者への働きかけ	地域との連携	
第1期	・保育教諭等や友だちと楽しい雰囲気で食事をする。 ・満足するまで食べ、心身ともに満たされる。	・新しい環境を考慮し、楽しい雰囲気で食事をする。 ・心も体も満たされ、幸せな気持ちになる。	・新入園児など、新しい環境を考慮し、ゆったりとした雰囲気で食事を楽しむ。 ・満足いくまで食べ、心身ともに満たされる。	・新しい環境を考慮し、食べ慣れた献立に留意する。 ・十分におかわりができるように配慮する。	・ランチルームが安心できる場となるように、ゆったりとした空間にする。 ・苦手な野菜は少量盛るなど、配慮する。	・栄養相談など受け、毎日の様子や食べ方など、お迎えの時間に直接話をする機会を設ける。 ・おたよりや献立表の配布を月に1回行う。 ・毎日の展示給食や食育コーナーでの展示を行う。	・地域から頂いた食材などを使って、素材の味を楽しむ。 ・地域の方に頂いた食材を触ったり、見たり、嗅いだり五感で楽しむ。 ・散歩の際に近所の畑にある野菜などを見ながら、食材を伝える。	
第2期	・絵本やままごとなど、遊びの中で、料理や食材に興味を持つ。 ・最後まで食べようとする。	・絵本や玩具を使い、食を身近に感じる。 ・最後まで頑張って一人で食べる。	・食材や食べることに関する絵本を読む。 ・野菜の玩具など、ままごと遊びやお店屋さんごっこ遊びを楽しむ。	・保育教諭等と連携をし、読んだ絵本の食材や、旬の食材を使う。 ・食材を切り過ぎず、ある程度形を残したりする。 ・水分補給に配慮し、疲労回復効果のある食材を使う。	・一人ひとりの食べ方を観察し、最後まで食べられるように声掛けを行ったり、少量盛るなどの工夫をする。	・栄養相談など受け、毎日の様子や食べ方など、お迎えの時間に直接話をする機会を設ける。 ・おたよりや献立表の配布を月に1回行う。 ・毎日の展示給食や食育コーナーでの展示を行う。		
第3期	・お皿に残ったものを集めて食べようとする。 ・食事に興味を持ち、「これなに?」と質問をする。	・最後まできれいに食べることを習慣化する。 ・食に関する会話をすることで、さらに身近に感じる。	・食具の使い方や食器を持つことなど、その都度伝える。 ・保育教諭等と語らいながら、一緒に食事を楽しむ。	・パラパラになる献立は深皿を使ったり、状況に応じ、食べやすい食器を使う。	・保育教諭等が一緒に食事をし、声掛けを行い、集めて食べることなど意識するように配慮する。	・栄養相談など受け、毎日の様子や食べ方など、お迎えの時間に直接話をする機会を設ける。 ・おたよりや献立表の配布を月に1回行う。 ・毎日の展示給食や食育コーナーでの展示を行う。		
第4期	・果物の皮を自分でむいたり、できることを自分でする。 ・嫌いなものにも挑戦する。	・自分のできることが増えたことに喜びを感じる。 ・嫌いなものも食べられることで、食事の時間をさらに楽しむ。	・指先が器用になり、指先や手を使ったことは、自分でするようになる。 ・自分の苦手や好きが分かる。	・果物など、その日の仕入れに応じ、切り目を入れたり、園児たちの苦にならないように提供する。 ・苦手なものは少なめに盛り、食べられた喜びを経験する。	・自分で思い切り挑戦できる環境を整える。 ・見守りながら、援助が必要な場合は状況に応じ行う。	・栄養相談など受け、毎日の様子や食べ方など、お迎えの時間に直接話をする機会を設ける。 ・おたよりや献立表の配布を月に1回行う。 ・毎日の展示給食や食育コーナーでの展示を行う。		

園長	副園長	主幹保育教諭	栄養士

食育の年間指導計画（3歳児）

いけだ認定こども園

目標	自分の食べられる量が分かり、旬の食材を友だちと一緒に味わう。							
区分	園児の姿	ねらい	食育内容	配慮事項		子育て支援		気づき・評価等
				食事内容からの配慮	食べさせ方の配慮	保護者への働きかけ	地域との連携	
第1期	・保育教諭等や友だちと楽しい雰囲気の中で食事をする。 ・自分の好き嫌いを知り、おかわりする喜びを知る。	・新しい環境を考慮し、楽しい雰囲気で食事をする。 ・おかわりしたいと、食べる意欲を増す。	・ランチルームの使い方など、最初に約束をする。 ・たくさん遊び、お腹がすいたらお腹一杯ご飯を食べる。	・新しい環境を配慮し、食べやすい献立や慣れた献立にする。 ・年齢にあった食器の大きさを選び、十分に食べられるようにする。	・ランチルームを広く使い、ぶつかったりなどのトラブルがないようにする。	・栄養相談など受け、毎日の様子や食べ方など、お迎えの時間に直接話をする機会を設ける。 ・おたよりや献立表の配布を月に1回行う。 ・毎日の展示給食や食育コーナーでの展示を行う。	・地域から頂いた食材などを使って、素材の味を楽しむ。 ・たけのこ掘りを通して、旬の体験、食べる経験をする。	
第2期	・トレーに食器を乗せて、自分で机にもっていく。 ・好き嫌いを把握し、自分の食べられる量を伝える。	・食器を落とさないように運び、自分の食べるテーブルを自分で選ぶ。 ・嫌いなものは伝え、一口でも食べようとする。	・陶器の食器を使い、熱いや冷たいが伝わりやすいようにする。 ・無理して食べるのではなく、食べられるように配膳をする。	・気温を見ながら、汁物の温度などに配慮する。 ・暑い時期にはさっぱりしたメニューなどにしていく。 ・水分補給に配慮し、疲労回復効果のある食材を使う。	・水分補給をしっかり行い、食の進み方で体調など見る。	・栄養相談など受け、毎日の様子や食べ方など、お迎えの時間に直接話をする機会を設ける。 ・おたよりや献立表の配布を月に1回行う。 ・毎日の展示給食や食育コーナーでの展示を行う。	・地域から頂いた食材などを使って、素材の味を楽しむ。	
第3期	・旬の食材があることを知り、季節に興味を持つ。 ・嫌いなものにも挑戦してみる。	・旬を知り、その食材の一番おいしい時期に味わう。 ・嫌いなものを一口でも食べられたら、みんなで喜ぶ。	・絵本やおもちゃなどを使い、旬を知る。 ・嫌いなものも一口でも食べてみるように促す。	・読んでいる絵本など、保育教諭等と打ち合わせ、献立に取り込んでいく。 ・苦手なものも、好きな献立と組み合わせたり、工夫する。	・気候のいい時などは、外で食べるなど、外からの季節感も味わう。	・栄養相談など受け、毎日の様子や食べ方など、お迎えの時間に直接話をする機会を設ける。 ・おたよりや献立表の配布を月に1回行う。 ・毎日の展示給食や食育コーナーでの展示を行う。	・地域から頂いた食材などを使って、素材の味を楽しむ。 ・落花生掘りや芋掘りを通して、旬の体験、食べる経験をする。	
第4期	・箸を使って食べることができる。 ・よく噛んで味わう。	・成長に伴い、スプーンフォークから箸へ移行する。 ・かき込んで食べるのではなく、ゆっくりよく噛んで食べる。	・箸の持ち方や食べる姿勢など、声掛けを行う。 ・食前食後のあいさつや、よく噛んで食べることに留意する。	・箸でもつかみやすいように、大きいものは一口サイズに切ったり、配慮する。	・保育教諭等が一緒に食事をし、マナー面でも声掛けを行う。	・栄養相談など受け、毎日の様子や食べ方など、お迎えの時間に直接話をする機会を設ける。 ・おたよりや献立表の配布を月に1回行う。 ・毎日の展示給食や食育コーナーでの展示を行う。 ・毎日の展示給食や食育コーナーでの展示を行う。	・地域から頂いた食材などを使って、素材の味を楽しむ。 ・みかん狩りを通して、旬の体験、食べる経験をする。 ・福餅つくりで交流をする。	

園長	副園長	主幹保育教諭	栄養士

食育の年間指導計画(4歳児)

いけだ認定こども園

目標	食事のマナーを知り、習慣の中でできるようになる。							
区分	園児の姿	ねらい	食育内容	配慮事項		子育て支援		気づき・評価等
				食事内容からの配慮	食べさせ方の配慮	保護者への働きかけ	地域との連携	
第1期	・食事の時間を楽しみにし、友だちと同じ食卓を囲む ・ランチルームの使い方を知り、当番活動にも参加する。 ・自分が食べられる量を当番に伝えることができる。	・新しい環境、新しい友だちとの交流の場を作る。 ・ランチルームの使い方を知り、当番活動にも積極的に参加する。 ・自分の食べる量を把握し、残さないように食べる。	・毎日違った友達と同じ食卓を囲み、会話を楽しむ。 ・ランチルームの使い方や、当番活動をするにおいての注意事項を伝える。 ・自分で食べられる量が把握できるように、はじめのうちは保育教諭等が把握する。	・新しい環境を考慮し、食べやすい献立、食べ慣れた献立にする。 ・年齢にあった大きさの食器やトレーを使う。	・テーブルクロスや、食卓の花を整え、落ち着いた環境で食事ができるように配慮する。	・栄養相談など受け、毎日の様子や食べ方など、お迎えの時間に直接話をする機会を設ける。 ・おたよりや献立表の配布を月に1回行う。 ・毎日の展示給食や食育コーナーでの展示を行う。	・地域から頂いた食材などを使って、素材の味を楽しむ。 ・たけのこ掘りを通して、旬の体験、食べる経験をする。	
第2期	・育てた野菜の収穫や調理を行い、味わう。 ・食器の正しい位置や、箸の持ち方、あいさつなど、食事のマナーを知る。	・野菜の収穫や調理を通して、食を営む力をつけ、食を楽しむ。 ・食事のマナーを知り、習慣となる。	・いろいろな種類の野菜を栽培し、収穫体験をする。 ・クッキング体験を行い、食を営む力をつける。 ・食事中のマナーを園児たちと確認し、一緒にマナーについて考える機会を持つ。	・暑い時期にはさっぱりとした献立や、食べやすいメニューにしていく。 ・水分補給をしっかりと行い、疲労回復効果のある食材などを積極的に使っていく。	・食の進み具合などで、体調をチェックする。 ・落ち着いた環境で食事ができるように、自然光を取り入れたり、室温に配慮していく。 ・食事のマナーが身に着くように、箸の持ち方や、姿勢など繰り返し伝えていく。	・栄養相談など受け、毎日の様子や食べ方など、お迎えの時間に直接話をする機会を設ける。 ・おたよりや献立表の配布を月に1回行う。 ・毎日の展示給食や食育コーナーでの展示を行う。	・地域から頂いた食材などを使って、素材の味を楽しむ。 ・散歩の途中にある畑などで、栽培されている野菜などを観察する。	
第3期	・行事食や、地域の方々との交流を楽しむ。 ・たくさんの野菜を知り、いろいろなクッキングを楽しむ。	・行事のたびに行事食があることを知り、意味などを知る。 ・珍しい野菜などたくさんの野菜を見て、調理をする経験をする。	・行事の前には何の行事か、なぜそれを食べるのかなど、絵本など園児たちに伝わりやすいように話す。 ・野菜はいろいろな種類があることを伝え、様々な調理法でのクッキングを楽しむ。 ・野菜はいろいろな種類があることを伝え、様々な調理法でのクッキングを楽しむ。	・旬の食材を使い、その食材の一番おいしい時期を味わう。 ・行事が多い季節なので、園児たちと一緒に楽しめる献立にする。	・温かいものは温かく、冷たいものは冷たく、提供温度に気を付ける。 ・当番活動が円滑に進むように配慮する。	・栄養相談など受け、毎日の様子や食べ方など、お迎えの時間に直接話をする機会を設ける。 ・おたよりや献立表の配布を月に1回行う。 ・毎日の展示給食や食育コーナーでの展示を行う。	・地域から頂いた食材などを使って、素材の味を楽しむ。 ・落花生掘りや芋掘りを通して、旬の体験、食べる経験をする。	

園長	副園長	主幹保育教諭	栄養士

食育の年間指導計画(5歳児)

いけだ認定こども園

目標	食の大切さを理解し、食事に携わる人への感謝と命を大切にすることを学ぶ。							
区分	園児の姿	ねらい	食育内容	配慮事項		子育て支援		気づき・評価等
				食事内容からの配慮	食べさせ方の配慮	保護者への働きかけ	地域との連携	
第1期	・野菜を育て、収穫を通し、野菜の生長や変化に気づく。 ・旬の食材を知り、クッキング活動を通し、五感を使って季節を感じる。 ・当番活動のリーダーとなり、4歳児の支援などを行う。 ・ランチルームの使い方や、食事のマナーを守り、友だちと同じ食卓を囲む。	・栽培や収穫、食べることにつなげ、すべての命に感謝し、大切にすることを学ぶ。 ・旬の食材を知り、一番おいしい時期に食べる。 ・友だちと協力したり、教えあうことができる。 ・食事のマナーを身につけ、普段から自然とできるようになる。	・栽培や収穫体験を通し、命をいただくことの意味を理解する。また、感謝する。 ・ランチルームの使い方や、当番活動をするにおいての注意事項を伝える。 ・当番活動の中心となるように、責任感を持つ。 ・自分の食べられる量が把握でき、それを当番に伝える。	・新しい環境を考慮し、食べやすい献立、食べ慣れた献立にする。 ・年齢にあった大きさの食器やトレーを使う。 ・暑い時期にはさっぱりとした献立や、食べやすいメニューにしていく。 ・水分補給をしっかりと行い、疲労回復効果のある食材などを積極的に使っていく。	・テーブルクロスや食卓の花を整え、食事環境に配慮する。 ・年齢にあった食器やトレーを使う。	・栄養相談など受け、毎日の様子や食べ方など、お迎えの時間に直接話をする機会を設ける。 ・おたよりや献立表の配布を月に1回行う。 ・毎日の展示給食や食育コーナーでの展示を行う。	・地域から頂いた食材などを使って、素材の味を楽しむ。 ・たけのこ掘りを通して、旬の体験、食べる経験をする。 ・散歩の途中にある畑などで、栽培されている野菜などを観察する。	
第2期	・野菜を育てる人、調理をする人、毎日ご飯を作ってくれる保護者などに感謝の気持ちを持てるようになる。 ・食べ物と自分のからだの関係を知り、自分で食事を選ぶことができる。 ・就学に向けての準備を行う。	・地域の農家の人などと一緒に活動をし、食べるまでにはたくさんの人の努力があることを知る。 ・毎日ご飯を作ってくれる人に感謝をする。 ・健康な体を作れるようになる。 ・就学に向けて、期待する。	・農家の人との交流をし、一緒になって仕事をしたり、見たりする。 ・収穫したものを調理する。 ・食材の持つ力や、体の中で起こることを話す。	・旬の食材を使い、その食材の一番おいしい時期を味わう。 ・行事が多い季節なので、飾りつけを一緒になって作り上げ、楽しさを共有する。	・落ち着いた環境で食事ができるように、自然光を取り入れたり、室温に配慮していく。 ・食事のマナーが身に着くように、箸の持ち方や、姿勢など繰り返し伝えていく。	・栄養相談など受け、毎日の様子や食べ方など、お迎えの時間に直接話をする機会を設ける。 ・おたよりや献立表の配布を月に1回行う。 ・毎日の展示給食や食育コーナーでの展示を行う。	・地域から頂いた食材などを使って、素材の味を楽しむ。 ・落花生掘りや芋掘りを通して、旬の体験、食べる経験をする。 ・みかん狩り体験をする。 ・福餅作りで交流をする。	

●参考文献

『新・食育ガイドブック』（監修：堤ちはる／メイト刊）

●スタッフ

装丁・本文デザイン　熊谷昭典（スパイス）
DTP　近藤真史
イラスト　宇江喜 桜（スパイス）
編集協力　茂木立みどり
鈴木麻由美
（以上、こんぺいとぷらねっと）
高地千春
島村枝里
写真協力　岩田多佳晋

マネしたい！　やってみたい！　すぐできる！
食育実践事例 BOOK
「いただきます ごちそうさま」編集部／編

2024年2月1日　初版発行

発行人　竹井 亮
編集人　上原敬二
編集担当　小林明日香・松浦真弓・高橋なつみ
発行・発売　株式会社メイト　http://www.meito.jp
〒114-0023　東京都北区滝野川7-46-1
TEL：03-5974-1700（代表）
製版・印刷　図書印刷株式会社

ISBN978-4-89622-500-6